ESCRITA EM MOVIMENTO

NOEMI JAFFE

# Escrita em movimento

*Sete princípios do fazer literário*

4ª *reimpressão*

COMPANHIA DAS LETRAS

Copyright © 2023 by Noemi Jaffe

Texto de Dalton Trevisan – "Uma vela para Dario" – da obra:
*33 Contos Escolhidos*, Editora Record, Rio de Janeiro, de 2005

Texto de Carlos Drummond de Andrade – "Áporo" – da obra: *A Rosa do Povo*,
Editora Record, Rio de Janeiro, de 2022

Carlos Drummond de Andrade © Graña Drummond
www.carlosdrummond.com.br

*Grafia atualizada segundo o Acordo Ortográfico da Língua Portuguesa de 1990,*
*que entrou em vigor no Brasil em 2009.*

*Capa*
Luciana Fachinni

*Imagem de capa*
*Pautas*, de Guga Szabzon, 2023. Lápis de cor sobre papel, 25,5 × 25,5 cm.
Reprodução de Filipe Berndt

*Preparação*
Ana Cecília Agua de Melo

*Revisão*
Jane Pessoa
Clara Diament

Dados Internacionais de Catalogação na Publicação (CIP)
(Câmara Brasileira do Livro, SP, Brasil)

Jaffe, Noemi
    Escrita em movimento : Sete princípios do fazer literário /
Noemi Jaffe. — 1ª ed. — São Paulo : Companhia das Letras, 2023.

    ISBN 978-65-5921-590-4

1. Criação (Literária, artística etc.)  2. Literatura brasileira
I. Título.

23-155490                                                  CDD-808.3

Índice para catálogo sistemático:
1. Criação literária : Literatura 808.3

Tábata Alves da Silva – Bibliotecária – CRB-8/9253

Todos os direitos desta edição reservados à
EDITORA SCHWARCZ S.A.
Rua Bandeira Paulista, 702, cj. 32
04532-002 — São Paulo — SP
Telefone: (11) 3707-3500
www.companhiadasletras.com.br
www.blogdacompanhia.com.br
facebook.com/companhiadasletras
instagram.com/companhiadasletras
twitter.com/cialetras

*Para minhas alunas e meus alunos*

# Sumário

Apresentação. . . . . . . . . . . . . . . . . . . . . . . . . . . . . . . 9

Introdução. . . . . . . . . . . . . . . . . . . . . . . . . . . . . . . . 13

Princípio 1: Palavras. . . . . . . . . . . . . . . . . . . . . . . . . 19

Com a palavra: Beatriz Bracher. . . . . . . . . . . . . . . . 48

Princípio 2: Simplicidade. . . . . . . . . . . . . . . . . . . . . 53

Com a palavra: José Luiz Passos. . . . . . . . . . . . . . . . 72

Princípio 3: Consciência narrativa. . . . . . . . . . . . . . . 75

Com a palavra: Eliana Alves Cruz. . . . . . . . . . . . . . . 99

Princípio 4: Originalidade. . . . . . . . . . . . . . . . . . . . . 101

Com a palavra: Carol Bensimon. . . . . . . . . . . . . . . . 124

Princípio 5: Estranhamento. . . . . . . . . . . . . . . . . . . . 128

Com a palavra: Jeferson Tenório. . . . . . . . . . . . . . . . 145

Princípio 6: Detalhes. . . . . . . . . . . . . . . . . . . . . . . . . 149

Com a palavra: Milton Hatoum. . . . . . . . . . . . . . . . . 164

Princípio 7: Experimentação............167

Com a palavra: Edimilson de Almeida Pereira.....179

Epílogo............183

*Notas*............187

# Apresentação

Ensinar, para mim, é complementar ao ato de escrever, e tão importante quanto. Ao longo de vários anos ensinando escrita de ficção — ou melhor, trabalhando a escrita de ficção, já que "ensinar", nesse caso, é um verbo de emprego polêmico —, aprendi (e aqui, sim, o uso é exato) que o ensino da escrita e a escrita propriamente dita são práticas coextensivas. À medida que me encontro com os alunos, preparo aulas, leio seus textos, comento; à medida que, juntos, discutimos e analisamos textos de autores conhecidos; à medida que discordamos, que sou questionada em minhas convicções literárias, que leio e ouço os comentários que os alunos fazem aos textos dos colegas e tantas outras coisas, percebo que repenso constantemente minha própria escrita. Fico menos segura em relação a alguns recursos que já considerava estáveis, adoto novas práticas, faço novas perguntas, questiono os porquês da minha atividade e do ofício do escritor em geral. A aquisição lenta e sempre processual de uma *voz* narrativa é um trabalho que nunca termina, até para os mais experientes, e, nesse caminho, considero o trabalho coletivo como parte do meu processo, para que eu nunca me julgue "pronta". A escrita literária não é algo que se "atinja", que se "conquiste". Ao contrário, é o "não estar pronto" que faz com que um escritor possa, cada vez mais, se aproximar de uma escrita original. Escrever é individual e solitário, mas não exclusiva ou necessariamente. Pessoas que saibam ouvir e criticar com respeito e atenção são fundamentais à escrita.

Ao longo desses anos trabalhando em oficinas de escrita, fui me dando conta de que escrever ficção não tem regras: é possível cometer "erros" gramaticais, usar quantas vozes narrativas o autor quiser, misturar tempos verbais, criar personagens contraditórios, escrever histórias sem trama definida, sem clímax, sem tempo nem espaço definidos. Tudo é possível, desde que o autor saiba por que o está fazendo e banque as consequências. Quando o "contrato" é claro e o leitor, intuitiva ou racionalmente, entende a proposta narrativa, não há limites para o que a literatura pode fazer. Portanto, quando pensei em escrever um pequeno livro que sintetizasse o trabalho da sala de aula, descartei de pronto a ideia de escrever algo semelhante a um manual ou que contivesse recomendações sobre atitudes e procedimentos aconselháveis ou desaconselháveis para a escrita. Não é assim que minhas aulas funcionam; ao contrário, nelas tentamos fazer com que cada um desenvolva a escrita que melhor expressa seus desejos, suas necessidades e sua voz particular. É um trabalho vinculado a recursos narrativos, propriedades formais do texto, uso da linguagem, e não a coisas como certo e errado, conteúdos ou esquemas.

Por essa razão, fui desenvolvendo alguns conceitos que, na minha opinião, subjazem a quase qualquer texto literário e que, longe de serem regras, podem ser considerados *princípios* que distinguem a linguagem literária dos outros usos da língua: informativo, comunicativo, acadêmico, científico, terapêutico, epistolar etc. Uso a palavra "princípio" no sentido de algo que norteia e perpassa a linguagem literária — quando mudamos a sintonia e passamos de uma prática funcional, como a língua profissional, para uma prática estética, em que o que importa não é apenas a finalidade da linguagem, mas sobretudo os meios. Afinal, na escrita de ficção não basta cuidar do tema de que falamos; importa o modo como falamos desse tema. É sobre tal uso da linguagem que os princípios aqui analisados se detêm.

Palavras até mais do que ideias, simplicidade, originalidade, intencionalidade, estranhamento, detalhes e experimentação: eis os princípios que escolhi para quem quiser mergulhar nas águas da escrita de ficção ou para quem já estiver nelas mergulhado. São formas de pensar e repensar o ofício da escrita, e de compreender que escrever não deve ter nenhum vínculo com prisões, mas sim com libertação. Não deixa de ser um processo difícil, às vezes doloroso, com obstáculos e restrições, mas é fundamentalmente livre e libertador: escreve-se literatura para transformar a si e ao outro pela linguagem.

# Introdução

Começo este livro por uma negativa. É um livro que não pretende ser um *manual* de escrita criativa.

A escrita de ficção é uma das práticas mais livres dentre as possibilidades expressivas. Roland Barthes afirma, em sua *Aula*, que "autoritarismo não é impedir de dizer, mas obrigar a dizer".[1] Nessa obra, o autor demonstra que a língua cotidiana, aquela que exerce a função básica de comunicar, nos obriga — sem nos darmos conta — a dizer as coisas de determinadas formas, sob o risco de que, desobedecendo, não possamos atingir o objetivo principal da linguagem verbal, que é justamente comunicar. Somos *obrigados*, em português, a concordar a pessoa e o número do substantivo e do adjetivo; o gênero do artigo com o do substantivo; a flexionar os verbos de acordo com o tempo, a pessoa e o número; a organizar nossas frases de acordo com o pensamento binário de sujeito e predicado e inúmeras outras regras incorporadas ao nosso uso diário.

Barthes ensina que a expressão literária é a única que permite subversões e transgressões a essa espécie de tirania, quando os indivíduos podem fazer as palavras *dançarem*, intencionalmente subvertendo regras, para assim gerar alternativas novas e originais de expressão.

Quando se afirma que a arte — nesse caso, a literatura — não serve para nada, penso que a melhor forma de compreender essa frase é pensarmos que a literatura não serve a ninguém. Diferentemente de outros usos da linguagem, mais funcionais e utilitários, a literatura não tem função definida: *meio e fim* coincidem. Assim como uma criança brinca por brincar, um dos aspectos da escrita de ficção é que ela é feita também em nome de si mesma, possibilitando experimentar os limites da linguagem ou explorar formas novas de dizer as mesmas coisas de sempre.

É por isso que, dentro de seu repertório, a escrita literária é livre, e é por isso também que a ideia de um manual de escrita contraria essa liberdade. Se passarmos a pensar em regras ou a estabelecer formas de criação de personagens, estruturas de enredo, momentos ideais para a localização do clímax e outras coisas afins, estaremos submetendo também a literatura a uma nova ditadura, em que, dessa vez, ela terá como finalidade apenas capturar mais leitores ou corresponder a modelos definidos.

A ideia deste livro é refletir e praticar, junto com o leitor, alguns fundamentos que considero importantes para todo escritor, seja ele iniciante ou experiente. São fundamentos gerais da prática literária; são disposições mentais e físicas para que cada um se coloque, diante de seu texto, como um criador artístico. Claro que essa liberdade não dispensa, como tentarei mostrar, muito trabalho, disciplina e técnica.

Liberdade, como sabemos, não se opõe a trabalho e, ao contrário, praticamente depende dele. Apenas um instrumentista que treina muito e que adquire muita experiência pode, após certo tempo, se sentir livre para inventar, adulterar e imprimir a própria marca.

A escrita literária, diferente do que muitos pensam, não é um *dom* divino ou inato. Se a pessoa sente inclinação para essa forma de escrita, tem gosto pela leitura e deseja se tornar um escritor ou mesmo escrever por lazer, existem alguns princípios que, se compreendidos e praticados, levam inevitavelmente a uma escrita mais criativa e com estilo mais autoral. Com paciência, disciplina, prática e reflexão, a escrita vai se tornando sempre melhor e mais desafiadora, tanto para quem escreve como para quem lê. Afinal, um trabalho artístico jamais chega ao fim. Ele é sempre um processo dinâmico e o escritor, um ser em construção, que evolui e involui, se transforma e se reforma continuamente. Não existe escritor acabado, nem entre os mais consagrados, e há inúmeras evidências disso na literatura.

Escrever é um gesto de risco. E quem está disposto a arriscar-se nesse universo, com todas as implicações de tempo e dedicação, pode acreditar que vai se surpreender.

Como já disse, ao longo deste livro você vai encontrar alguns princípios essenciais para quem deseja abraçar a escrita de ficção.

São *princípios*, no sentido de serem *disposições mentais* para a reflexão e a prática da escrita ficcional, fundamentos que ajudam a regular e sintonizar a escrita para que ela não repita os vícios da linguagem funcional e informativa e possa se entregar à imaginação; são *essenciais* porque, com eles, um candidato a escritor ou mesmo um escritor mais experiente pode reconhecer suas características pessoais e seguir um processo de permanente desafio e transformação literários; e, finalmente, *a escrita de ficção*, como diz o nome, é uma escrita de *fingimento*. A etimologia de ficção vem do latim *fingere*, que também derivou em "fingir" e que, muitos vão reconhecer, ressoa em *finger*, ou dedo, em inglês. Isso porque os dedos eram utilizados para moldar imagens que representavam pessoas, objetos e cenas. Os dedos eram usados para fingir o real.

Quando se aceita e se assume a ideia de que literatura é, principalmente, fingimento, liberta-se a escrita literária do compromisso com qualquer verdade além da verdade do próprio texto. A literatura é — em grande parte — desobrigada de pactuar com possíveis verdades filosóficas, científicas ou políticas. Quando digo "em grande parte", penso na possibilidade de uma literatura que apregoe preconceitos ou intolerância de alguma ordem. Nesses casos, cabe uma discussão de cunho ético, jurídico e institucional, que estabeleça os limites do que pode e deve ser publicado, em determinado tempo e lugar. A literatura cria suas próprias verdades e o único rabo preso do escritor é com sua linguagem, seu estilo e sua consciência ética. O escritor inventa narradores, personagens, lugares e tempos, muitas vezes baseados na realidade, mas que, nem por isso, deixam de ser imaginados. O texto literário cria sua própria realidade e lança o leitor a um mundo que, para além de suas ligações circunstanciais e históricas, existe em si mesmo.

Concluindo, é importante advertir que nada, em literatura, é fixo ou definitivo. Por isso, saiba que todos os princípios abordados aqui são gerais e válidos para a maior parte dos casos explorados, mas sempre é possível contrariá-los ou mesmo ignorá-los. Aliás, esse é um dos fundamentos da literatura: faça o que você considerar importante e próprio para a sua obra, desde que conscientemente.

# Princípio 1: Palavras

Já está entranhada no senso comum a ideia de que a escrita literária provém sobretudo da "inspiração". É frequente escutarmos frases como "hoje, estou sem inspiração" ou "não sou uma pessoa inspirada".

O uso habitual desse termo indica que a inspiração é compreendida ou como um dom inato, que nasce com a pessoa e que é, portanto, não adquirível; ou como algo "soprado" por alguma entidade sobrenatural, uma espécie de espírito. Aliás, a própria etimologia do termo coincide com a de sopro e espírito, ou ainda de respiração, palavras provenientes do sentido do sopro divino que teria dado vida ao ser humano original.

Esse preconceito em relação à fonte da imaginação criativa tem origem também na visão que construíram de si mesmos os escritores, sobretudo do período romântico. Durante o século XIX, a arte buscou construir uma autoimagem aureolada, de isolamento e genialidade, como se os artistas românticos tivessem sido eleitos e "recebessem" sua escrita de algum mensageiro externo, de preferência divino ou mesmo diabólico.

Além dessa linhagem romântica por trás do termo "inspiração", e dialogando com ela, existe igualmente certa ascendência da ideia de "conteúdo" sobre a ideia de "forma". Como se o conteúdo representasse a alma das coisas e a forma, o corpo; como se o conteúdo fosse mais profundo e verdadeiro e a forma, mais superficial e frívola. Nesse sentido, atrelada à inspiração está a valorização da "ideia" como condutora da literatura. Seria ela a "inspiradora" da escrita, autorizando muita gente a dizer que não escreve ou que não gosta de escrever — em especial nas escolas — porque não tem ideias. Tentar diluir noções tão enraizadas é bastante desafiador. Mas é o que vou procurar fazer.

Uma das muitas frases atribuídas a Picasso diz o seguinte: "Se a inspiração quiser vir, que venha. Mas vai me encontrar trabalhando". Trata-se de uma tirada irônica, é claro, que desdenha da ideia de que a inspiração "baixa" sobre o artista, advinda de alguma esfera divina. Ao contrário, a frase vincula a presença da inspiração ao trabalho concentrado do homem Picasso.

Penso que essa frase condensa uma nova ideia de

inspiração, mais própria ao século que vinha começando, o século xx, e, claro, também ao século xxi. A modernidade e as vanguardas do início do século passado procuraram derrubar a mitologia que se estabeleceu em torno do artista inspirado e eleito, trazendo a prática artística para mais perto do chão, do dia a dia, dos indivíduos comuns. Criar deixou de ser atributo divino e passou a ser uma possibilidade real e plausível para quem se dedica a ela.

Nesse sentido, penso que, no momento em que alguém se dispõe física e mentalmente à escrita literária, acionam-se habilidades, mecanismos e práticas de trabalho que, juntos, podem ser chamados de "inspiração", se quisermos dar a eles esse nome. Quando alguém *quer* escrever ficção, é preciso encontrar e adotar um lugar (ou lugares), um tempo (ou tempos), frequência e regularidade. É preciso praticar concentração, paciência e muita leitura. E, por fim, é preciso, ao escrever, aceitar a frustração, a demora e as críticas.

Ao longo da prática criativa, seja ela individual ou coletiva — em grupos de escrita, em cursos ou com amigos —, a pessoa põe em ação faculdades mentais como a memória, a intuição, a imaginação, o conhecimento informativo e cognitivo, a consciência e o inconsciente; ela está também submetida às circunstâncias em que escreve, como o lugar — casa, praia, campo, rua, café — e o momento — dia, tarde, noite, madrugada —, além do tempo e dos lugares históricos e coletivos, como a cidade, o país e a época. Além disso, o estado subjetivo de quem escreve também é um fator relevante: se a pessoa está triste, alegre, saudosa, raivosa; se está distraída, apaixonada ou preocupada com outras questões. E não podemos ignorar o acaso — uma tempestade súbita, a campainha que toca, latidos e gritos dos filhos ou da rua — interrompendo a prática e, por isso, provocando alterações.

Penso que, combinados todos esses fatores, além de uma prática insistente e disciplinada, cada um vai descobrindo, lenta ou subitamente, transformações em seu trabalho expressivo. Quero dar o nome de inspiração a esse conjunto de habilidades, trabalho e "combustível". A escrita ficcional vai se desenvolvendo e, em alguns poucos momentos, pode gerar combinações ainda mais inesperadas, surpreendentes até para o próprio autor. São termos, frases, achados, estruturações e formalizações que, somados ao fluxo mais regular da narrativa, vão compondo o que podemos chamar de *estilo*: sua linguagem, sua marca autoral.

Como já foi dito, a valorização geral do conteúdo em detrimento da forma faz com que a maioria das pessoas acredite que é preciso ter muitas e boas ideias para que se possa escrever ficção. Mas esse não é o caminho. Mesmo na comunicação cotidiana (no trabalho informativo de um jornal, na publicidade, nas obras científicas e acadêmicas, em cartas, diários, pregações etc.), em que o objetivo mais importante parece ser transmitir determinada mensagem, é possível realizar uma análise mais detida e perceber que a *forma* como a mensagem é transmitida determina sobremaneira aquilo que se quer transmitir. Isso é evidente nas mensagens publicitárias, com o uso de trocadilhos, jogos de linguagem, tiradas engraçadas, ambiguidades. O mesmo ocorre no dia a dia: basta pensar nas variações de tom que utilizamos quando estamos tristes, bravos ou alegres; quando contamos uma piada, um causo ou quando brincamos com as palavras, e logo vemos que os exemplos abarcam todas as áreas da expressão e do conhecimento.

Na literatura, entretanto, a *forma* como se constrói o pensamento prevalece sobre o *assunto* de que se fala. Ou antes, como já se disse à exaustão, na literatura é quase impossível separar uma coisa da outra, de modo que nunca é indiferente a forma como um escritor verbaliza determinado conteúdo. Como disse Manuel Bandeira, sempre preciso e simples, "a poesia está em tudo — tanto nos amores como nos chinelos".[1] Para um escritor ruim, a melhor ideia, a mais elevada (como guerras, nascimentos, mortes, aventuras), provavelmente vai se tornar um livro de má qualidade literária. Já para um bom escritor, aquilo que é tido como uma ideia pobre ou fraca (um detalhe do cotidiano, algo prosaico) provavelmente se transformará num livro interessante e desafiador.

Na literatura, "como se diz" é tão ou mais importante do que "o que" se diz, e é no "como" que se localiza a marca autoral de um escritor. Muita gente afirma que os assuntos da literatura já se esgotaram ou que são sempre os mesmos — amor e morte. O que muda, na realidade, são os modos de abordar esses temas, as perspectivas estilísticas a partir das quais eles são explorados. É possível falar de uma relação amorosa do ponto de vista de Shakespeare, de Camões, de Machado de Assis ou de Graciliano Ramos, todos extremamente diferentes entre si. Até mesmo dentro de uma única época ou num mesmo local, encontram-se variações enormes entre diferentes escritores, como podemos constatar, por exemplo, no Brasil, com os contemporâneos Clarice Lispector e Guimarães Rosa.

Num conto de Guimarães Rosa como "Substância",

do livro *Primeiras estórias*, de 1962, ocorre o seguinte diálogo amoroso entre os personagens Maria Exita e Sionésio:

— "Você, Maria, quererá, a gente, nós dois, nunca precisar de se separar? Você, comigo, vem e vai?" Disse, e viu. O polvilho, coisa sem fim. Ela tinha respondido:
— "Vou, demais".[2]

Já Clarice Lispector, no livro *Uma aprendizagem ou o livro dos prazeres*, escrito em 1968, imagina o seguinte diálogo entre seus dois personagens:

Então ela, em voz baixa para não despertá-lo de todo, disse pela primeira vez na sua vida:
— É porque te amo.
Grande paz tomou-a por ter enfim dito. Sem medo de acordá-lo e sem medo da resposta, perguntou:
— Escute, você ainda vai me querer?
— Mais do que nunca, respondeu ele com voz calma e controlada. A verdade, Lóri, é que no fundo andei toda a minha vida em busca da embriaguez da santidade. Nunca havia pensado que o que eu iria atingir era a santidade do corpo.[3]

E poderíamos continuar exemplificando indefinidamente, pois o que muda não é o tema de que se fala, mas a forma de abordá-lo.

Isso não significa que, para escrever, é preciso abolir as ideias. De forma alguma, até porque isso seria impossível. É bom ter ideias, assim como aproveitá-las e usá-las nos textos literários. Ocorre que é na prática mesma da expressão escrita que essas ideias serão postas à prova, por meio das palavras e estruturas de que o autor se vale para transmiti-las. É aí que elas vão tomando forma e é também nesse momento que elas vão se reconfigurando a partir do modo como são escritas.

São as palavras, as construções frasais, a pontuação, as hesitações, as dúvidas — enfim, a linguagem literária — que vão conduzir a ideia a novas conformações. É em sua formalização que o escritor vai descobrindo — e o gerúndio aqui é fundamental — os caminhos narrativos da ideia que, muitas vezes, acaba se desenvolvendo de uma maneira totalmente diferente do que propunha a escrita inicial.

Também pode acontecer — e no meu caso específico, em geral é assim que acontece — que o escritor não tenha uma ideia clara daquilo que vai escrever. Que ele parta de uma palavra, de uma frase, de um pensamento ainda incipiente. Mas é no trato concreto com as palavras que ele vê e reconhece as ideias surgindo e se enredando numa trama, numa composição de corpo, mente e sentimento que se permite guiar pelas palavras no papel.

Isso também não significa que um autor não possa ter toda a sua narrativa — conto, romance, novela — já planejada antecipadamente. Isso pode acontecer, mas o que estou querendo afirmar é que é o momento da escrita que vai definir o caminho do que se irá escrever. O planejamento é incapaz de prever as palavras que serão usadas e suas combinações inumeráveis. São elas que farão com que o escritor vá obedecendo e desobedecendo a seu planejamento, atentando para as possibilidades que as palavras oferecem.

Para um escritor, não são as palavras que obedecem às ideias, mas o contrário. No primeiro caso, deparamos com textos explícitos, panfletários. Já no segundo, encontramos originalidade, surpresas e a relação indissolúvel entre a história e o sabor de contá-la.

O poema "Áporo", de Carlos Drummond de Andrade, é um exemplo luminoso dessa fusão entre objeto temático e escolha semântica.

Vejamos:

*Um inseto cava*
*cava sem alarme*
*perfurando a terra*
*sem achar escape.*

*Que fazer, exausto,*
*em país bloqueado,*
*enlace de noite*
*raiz e minério?*

*Eis que o labirinto*
*(oh razão, mistério)*
*presto se desata:*

*em verde, sozinha,*
*antieuclidiana,*
*uma orquídea forma-se.*[4]

Ardoroso leitor de dicionários (como todo escritor deve ser, e dos dicionários mais variados), o poeta Drummond descobriu que o termo "áporo" tem três significados completamente distintos entre si. Ele significa inseto, problema sem solução e um tipo de orquídea. Não sabemos qual foi a estratégia de escrita desse poema, mas é possível afirmar que o poeta fez uso dessa tripla significação da palavra e aproveitou para desdobrá-la num poema que contempla todas elas, formando um nexo sonoro, semântico, sintático e, sobretudo, poético, ainda mais pela sabedoria em reuni-los.

No poema, o inseto *áporo* cava a terra discretamente ("cava sem alarme"), buscando uma saída impedida por uma *aporia*: a terra bloqueada por um enlace de noite, raiz e minério. Esse impedimento pode ser literal, claro, mas também remete à situação do país à época, 1944, na conjunção de Estado Novo e Segunda Guerra Mundial, além de se referir, de forma subliminar, à exploração do minério de ferro de Itabira, tanto pela Inglaterra como pela empresa Vale do Rio Doce. A aporia também pode apontar para estados emocionais ou, como ocorre com frequência em Drummond, para o próprio poema, que, também ele, busca uma saída em meio à aporia semântica que ele mesmo propôs. E eis que, de maneira inesperada, após tanto escavamento lento e paciente e contra todas as expectativas ("antieuclidianamente"), o inseto resolve a aporia, encontrando a saída e formando o terceiro áporo: uma orquídea, o próprio poema, a saída da ditadura e de um estado de angústia ou "uma orquídea forma-se".

Esse poema já foi analisado de formas muito mais completas e profundas por estudiosos da poesia e da obra de Drummond. A intenção, aqui, é somente mostrar como a descoberta da plurissignificação da palavra "áporo" levou o escritor à construção desse poema inesquecível.

Não se trata, como muitos podem pensar, de uma situação excepcional. É claro que é raro encontrarmos outros exemplos tão nítidos dessa precedência das palavras sobre as ideias, mas ela acontece com muito mais frequência e intensidade do que se pode imaginar.

No conto "O burrinho pedrês", de Guimarães Rosa, lemos:

> [...] As ancas balançam, e as vagas de dorsos, das vacas e touros, batendo com as caudas, mugindo no meio, na massa embolada, com atritos de couros, estralos de guampas, estrondos e baques, e o berro queixoso do gado junqueira, de chifres imensos, com muita tristeza, saudade dos campos, querência dos pastos de lá do sertão [...]
>
> Boi bem bravo, bate baixo, bota baba, boi berrando... Dança doido, dá de duro, dá de dentro, dá direito... Vai, vem, volta, vem na vara, vai não volta, vai varando...[5]

Trata-se de uma descrição do gado reunindo-se para partir numa caminhada. Se prestarmos atenção —

como é necessário para a leitura proveitosa de qualquer obra desse autor —, veremos que, no primeiro trecho, as orações sucessivas têm um ritmo extremamente regular, na tentativa de mimetizar o movimento do gado invocado para a empreitada. Quase todas as orações têm cinco sílabas poéticas, gerando um parágrafo que é quase um cântico circular sobre a boiada. No segundo trecho, além de as orações terem três sílabas poéticas, ouvimos três diferentes tipos de aliteração, em *b*, em *d* e em *v*, construindo, com isso, o *sentido* da dinâmica e do humor dos bois que se deslocam.

O que vem antes nesses trechos? O assunto *reunião da boiada* ou o ritmo, a sonoridade desse movimento? É impossível saber e não é relevante que se saiba. O que importa para nós, aqui, é perceber como ambos estão associados simbioticamente e como o assunto não seria veiculado com tanta autenticidade sem esse trabalho formal.

Qualquer um pode argumentar que os dois exemplos acima, de um poeta genial e de um prosador que escreve prosa como se fosse poesia, são modelos inimitáveis e excepcionais, mas podemos citar inúmeros outros exemplos.

No romance *Noite dentro da noite*, de Joca Reiners Terron, não é possível descobrir quem é o narrador da história. Parece ser um e, logo em seguida, parece tratar-se de outro. Pode ser a própria pessoa de quem se fala ou alguém desconhecido. Percorremos as quase seiscentas páginas do livro especulando sobre sua identidade, sua indefinição. A escolha dessa "narração concêntrica", como o autor a denomina, foi fundamental para que o leitor sinta o estado de perplexidade intensa que acompanha a leitura. É em função desse mistério que se percebe a mistura de identidades, o labirinto de tramas interconectadas, e é por causa desse narrador indeterminado que o autor pôde falar de si mesmo sem se envolver demais. Trata-se de uma escolha formal que definiu todo o teor da narrativa. E, embora esse dado não seja tão relevante, em conversa com o autor, ele chegou a dizer que essa decisão foi tomada enquanto o livro era escrito, depois de tentativas sucessivas. A própria maneira como a trama vinha sendo conduzida o levou a essa escolha.

No livro *Carta à rainha louca*, de Maria Valéria Rezende, o leitor vai encontrar diversos trechos riscados, como se a autora da carta tivesse resolvido rasurá-los. Maria Valéria optou por não apagar esses trechos: preferiu mantê-los, mesmo que isso dificultasse a leitura e "sujasse" a página. Aliás, é evidente que a "sujeira" foi intencional. Com atenção, percebe-se que os trechos riscados são críticas duras que o resto da carta não se permite evocar. Com isso, é claro, exerce-se uma crítica bem mais potente, porque embotada, ao regime repressivo a que as mulheres estavam submetidas na história. Trata-se, outra vez, de uma decisão formal, que acentua o valor de denúncia do livro, sem torná-lo panfletário.

Quem conhece a obra do escritor português José Saramago há de se lembrar de páginas e páginas sem uma única vírgula, ou com diálogos desprovidos das conhecidas marcações que os definem: travessões, aspas, dois-pontos. Muitos diálogos, inclusive, começam em meio à frase, sem que se possa identificar com rapidez que se trata de discurso direto. Da mesma forma, o também português Valter Hugo Mãe escreveu quatro romances em que não se encontra nenhuma letra maiúscula. Sendo os autores que são, é claro que esses deslocamentos em relação ao que se espera não têm gratuidade alguma.

A inovação pela simples inovação é modismo e só depõe contra a seriedade da obra. Em todos esses casos, sempre há o que chamo de *consciência narrativa*, tema sobre o qual discorro mais adiante, em outro capítulo. Mas o importante é que cada opção formal do autor tenha uma motivação necessária, que se adivinha na própria leitura.

Não é preciso que o leitor comum se detenha sobre

esses usos e os analise ou interprete. Ele apenas compreende, percebe sua necessidade. Mas, se quisermos interpretar, no caso de Saramago, por exemplo, a ausência de vírgulas se justifica pela associação livre de ideias, cujo fluxo a pontuação marcada atrapalharia, ou pela confusão, frequente no autor, entre narrador e personagem, que ele faz questão de manter destacada; outras vezes, trata-se de uma lembrança involuntária que vem aos borbotões, atropelando as possíveis vírgulas pelo caminho. Já no caso do uso das minúsculas, o próprio Mãe afirma que as maiúsculas criam uma espécie de hierarquia gráfica na qual não via sentido, dados os significados que suas obras expressam. Trata-se de sentidos veiculados por uma decisão gráfica e de pontuação do autor e não somente pelos aspectos semânticos das palavras ou da sintaxe.

São decisões formais — semânticas, sintáticas, gráficas, sonoras, estruturais — tomadas tanto antecipadamente como durante o processo de escrita ou nas muitas revisões do texto que cada autor deve fazer. A reescrita, claro, é tão importante quanto a escrita, pois é nesse momento da produção textual que o autor tem oportunidade de repensar suas escolhas estilísticas e ir dando forma final ao que escreve. O que importa é que, em literatura, essas escolhas são determinantes da qualidade literária: são elas, e nada mais, que vão diferenciar a linguagem de um autor da de outro. Não são as ideias que marcam o estilo, mas as palavras — ou seja, as escolhas formais de um escritor.

E lembre-se: reescrever é tão importante quanto escrever. Ou até mais.

Se um pintor precisa conhecer cores, tintas, telas, luz e sombra; se um escultor precisa conhecer pedras, instrumentos de perfuração, peso, massa, densidade; se um músico precisa conhecer sons, ritmos, alturas, escalas; se um dançarino precisa conhecer movimentos, espaço, equilíbrio, gestos — o que deve conhecer um escritor?

Por que ao escritor atribuem-se apenas ideias e a famosa inspiração, enquanto para a prática de outras expressões artísticas admite-se com tranquilidade o conhecimento de técnicas formais? Qual é o preconceito contra a noção de "forma" em literatura?

O instrumento formal com o qual o escritor lida diretamente são as palavras e tudo o que elas implicam: sons, disposição gráfica, ritmo, ordenação sintática, pontuação e tantas outras coisas. Se um escultor precisa, por exemplo, conhecer a resistência que um determinado tipo de pedra oferece a um determinado tipo de instrumento — por exemplo, que para o granito é preciso usar certo tipo de cinzel —, o escritor também precisa se defrontar com aquilo que chamo de "a resistência das palavras".

Resistência, na física, é o grau de penetrabilidade de uma matéria em relação a um objeto externo. A água, por exemplo, é bastante penetrável, embora ofereça ainda certa resistência. Já o aço é altamente impenetrável, embora não totalmente. Todas as linguagens artísticas, de uma forma ou de outra, devem lidar com a resistência dos materiais com os quais trabalham.

É fundamental que os escritores reconheçam e deem a devida importância à resistência das palavras e passem a tratá-las também como matéria que apresenta maior ou menor resistência. Com isso, entre outras coisas, trabalha-se uma questão essencial no texto ficcional: os lugares-comuns, ou chavões, aquelas construções que deixaram de impor resistência a quem os utiliza. São como a água. Um dos papéis mais importantes dos escritores inventivos é recuperar, para a língua, a impenetrabilidade das palavras e mesmo das ideias.

Como já foi dito, um dos temas mais explorados, em toda a história da literatura, é o amor. Talvez ele possa ser considerado *o* tema literário por excelência. Desde Homero, com suas *Ilíada* e *Odisseia*, em que a guerra e a jornada do herói são ocasionadas pelo amor de duas mulheres, passando por Dante Alighieri e Shakespeare, até os dias de hoje, algumas das principais obras do cânone literário ocidental são obras de amor. Além disso, no cotidiano, a linguagem amorosa é tão utilizada que acaba por perder sua carga de originalidade e imaginação, muitas vezes sobrecarregando expressões como "eu te amo", tornando-as banais e sem sentido.

De que forma, portanto, os escritores podem recuperar, para a literatura, a impenetrabilidade de uma expressão sobremaneira "mole" como "eu te amo"?

Eis alguns exemplos:

*Senhora, eu vos amo tanto*
*que até por vosso marido*
*me dá um certo quebranto...*
Mario Quintana[6]

*Eu te amo porque não amo*
*bastante ou demais a mim*
Carlos Drummond de Andrade[7]

*Deixei uma ave me amanhecer*
Manoel de Barros[8]

*rede ao vento*
*se torce de saudade*
*sem você dentro*
Alice Ruiz[9]

*Mastigo-me*
*e encontro o coração*
*de meu próprio fruto,*
*caroço aliciado,*
*a entupir os vazios*
*de meus entrededos.*
Conceição Evaristo[10]

*... as plantas aveludadas e carnívoras somos nós que acaba-*
*mos de brotar, agudo amor, lento desmaio.*
Clarice Lispector[11]

E, como esses, há inúmeros exemplos de como tornar mais resistentes a ideia do amor e sua expressão em palavras. Percebam que a própria ideia do amor se modifica a partir das formas novas como a expressamos. Afinal, não só o real modela a literatura, como também o contrário: a ficção, com seus modos renovados de dizer o real, o modela por sua vez. Depois de ler e ver *formas* originais de se referir ao amor, também o leitor e o espectador renovam em si mesmos suas *formas* de conceber e praticar o amor.

É a escolha da forma como essa ideia vai ser transmitida que a renova, a torna mais fresca e virgem, fazendo com que os leitores pensem no amor — tema já quase esvaziado de tão usado — de maneiras diferentes, sob novas perspectivas. Na literatura, uma das sensações mais prazerosas e necessárias é a sensação inaugural, em que o leitor sente que está diante de alguma coisa pela primeira vez. Como uma criança que descobre algo com que nunca antes teve contato, o ato inaugural é motivo de *espanto*, um dos efeitos mais importantes para quem trabalha com arte e, aqui especificamente, com a escrita. O espanto, ou *thauma* em grego, é um dos motores da filosofia e da arte. É o espanto diante de algo que desperta o desejo de conhecer, descobrir, inventar e imaginar o que não existe. Espanto é curiosidade, indagação e capacidade de ir além daquilo que o mundo apresenta em seu estado de normalidade e convenção.

Em um prefácio ao livro *Um médico rural*, de Franz Kafka, o também escritor e pesquisador Modesto Carone cita uma frase de Günther Anders, exemplar para entender o autor, mas também nosso tempo: "O espantoso é que o espantoso não espanta mais".[12] Kafka nos devolve, com seus aparentes absurdos, o espanto perdido com a banalização generalizada dos absurdos sociais e burocráticos.

Penso que a recuperação da resistência das palavras, ou das formas, é também um modo de resgatar espantos sequestrados pelos lugares-comuns, não somente das palavras, mas também de atitudes.

Milan Kundera, que, além de escritor, é excelente teórico da literatura, afirma, em *A arte do romance*, que a obra literária representa também, além de tudo o mais, um papel ético na sociedade. O escritor tem um dever ético para com seu leitor, que ele chama de "ética do novo". Segundo ele, seria dever do escritor apresentar o *novo* para seus leitores, porque, de posse dessa *novidade*, eles se dispõem a perceber sua própria realidade e individualidade sob novas perspectivas. Ou seja, a literatura, com sua matéria-prima, reabilita — claro que não sozinha e nem completamente — valores como a tolerância e a compaixão, ao fazer com que o leitor depare com pontos de vista diferenciados sobre os mesmos temas de sempre. E essa diferenciação ocorre, em grande parte, com base no modo como esses problemas e temas são oferecidos ao leitor.

Se pensarmos em um romance como *Se o disseres na montanha*, de James Baldwin, em que um adolescente oprimido por seu padrasto pastor descobre seu próprio caminho, não teremos como descartar o modo como ele faz essa descoberta. No capítulo final do romance, uma mistura de vozes — em primeira e terceira pessoas, além do discurso direto — narra a queda e a ascensão do personagem John, após um episódio de epifania sobre a fé e sua vida. A potência das frases, misturando visões e delírios com o real, deslocando espaços e tempos e metaforizando seus pensamentos, faz com que o leitor "sinta" o drama do rapaz na própria pele, compreendendo a dor de um negro nos Estados Unidos, em plena década de 1930, mais do que qualquer tratado antirracista é capaz de fazer.

Antonio Candido, em seu conhecido ensaio "O direito à literatura", também discorre sobre a capacidade da linguagem literária de, muitas vezes imperceptivelmente, abrir caminhos para valores humanitários que de outro modo não seriam capazes de penetrar a mente e o coração das pessoas. Bons escritores sabem fazer com que a visão de mundo de seus personagens — incluindo aí suas opiniões políticas — seja expressa de forma não panfletária, como se fosse organicamente necessária à narrativa. Assim, o leitor se sente envolvido pela história e se identifica com os personagens, chegando a sentir o que eles sentem.

Só é belo o que é necessariamente belo. Se a ideia de beleza, há muito tempo, não tem mais vínculo direto com as noções de exclusividade, raridade e dificuldade, como um dia já teve, nem com as ideias de simetria, clareza e pureza, como podemos nós, na contemporaneidade, determinar o que é belo?

Pode-se dizer que, na contemporaneidade, "belo" é aquilo que o leitor e o espectador percebem como *necessário* a determinada obra. Um livro é todo fragmentado, aparentemente desconexo e louco? Um romance todo escrito sem a letra "e", como *O sumiço*, de Georges Perec, e que oferece toda sorte de dificuldade ao leitor, pode ser considerado "belo"? Um livro que deprime, incomoda e fala de horrores pode ser considerado "belo"?

A resposta a todas essas questões é sim, contanto que as partes que compõem o livro sejam percebidas como necessárias à composição orgânica do todo. Se o leitor, mesmo estranhando inúmeros recursos, percebe, sem precisar deter-se em análises e interpretações, que eles estão lá por uma necessidade material da obra, então pode-se dizer, sem hesitação, que aquela obra é bela. O belo, na atualidade, está vinculado à verdade da obra, a sua integridade, ao que ela estabelece como contrato com o leitor. Franz Kafka jamais oferece um pacto de consolo ou entretenimento. Sua proposta é desvelar o absurdo em que vivemos e fazer o leitor se confrontar com o horror a sua volta. E, nesse sentido, por entregar aquilo que promete e por fazê-lo com o máximo de resistência, pode-se dizer que a obra de Kafka é bela.

Passando agora ao âmbito mais concreto e prático do trato com as palavras, seguem alguns exemplos de recursos aos quais um escritor pode atentar para que seu texto se torne mais resistente:

- *A precisão semântica*. É comum utilizarmos sinônimos de modo indistinto, às vezes seguidamente. Por exemplo: "A liberdade é essencial e fundamental". Aqui não há necessidade de usar os dois adjetivos, já que seu significado é tão semelhante. Mas, para escolher entre um e outro, é muito importante conhecer a especificidade de cada um. Em que "essencial" é diferente de "fundamental"?

- *Procurar reduzir a quantidade de generalizações e abstrações.* No exemplo acima, "A liberdade é essencial e fundamental", o termo "liberdade", a não ser que venha acompanhado de especificações contextuais, praticamente não significa mais nada. É muito importante que se busque particularizar esses termos amplos e conceituais, utilizando imagens, exemplos e situações concretas e diferenciais.

- *Uso excessivo de adjetivos.* Os adjetivos, muitas vezes, são utilizados como "atalhos", caminhos mais rápidos para expressar um julgamento ou narrar um evento. No lugar do imediatismo dos adjetivos, a narração pode ganhar em consistência e profundidade se o autor narrar o mesmo fato buscando substantivos, deixando assim opiniões e julgamentos para o leitor, que, dessa forma, se sente convocado a participar da história.

- *Personagens diferentes têm "vozes" diferentes.* Em ficção, a "voz" remete à forma como se manifestam as particularidades de um personagem: seus gestos, idiossincrasias, manias verbais e corporais, expressões.
- *Detalhes* (ver o capítulo 6). Detalhes conferem verossimilhança e particularização à cena, ao personagem e à narração de forma geral. Não significam exaustão descritiva, mas atenção àquilo que diferencia uma ocorrência, um espaço, uma pessoa.
- *Originalidade* (ver o capítulo 4). O escritor está sempre atento aos lugares-comuns, aos clichês, às construções muito exploradas e banalizadas, para que seu texto represente e estimule estruturações novas e originais. A banalização não ocorre somente no uso das palavras, mas também na pontuação, na sintaxe, na estrutura geral da obra, na configuração dos personagens e do enredo e até mesmo na abordagem do tema.

É claro que a noção de resistência está diretamente ligada ao tema do lugar-comum. De tão sedimentados em nossa mente, os lugares-comuns já não oferecem resistência à linguagem. Representam, assim, uma visão do real e do mundo repetitiva e conservadora, servindo a processos reativos de comportamentos que ocultam anseios de reprodução e permanência de formas consagradas pela tradição e pelo cânone.

## IDEIAS PRÁTICAS

Para que possamos experimentar, lidar com bloqueios de escrita e também para a escrita geral de obras, aqui vão algumas ideias, que podem ser ampliadas e particularizadas de acordo com suas necessidades e sua criatividade.

- Escolha de modo aleatório palavras em dicionários e crie frases ou páginas a partir delas.
- Escolha aleatoriamente frases retiradas de romances e contos, para tentar encaixá-las em um novo texto.
- Faça combinações aleatórias de substantivos e adjetivos, a partir de dicionários ou obras, e encaixe essas combinações em textos (exemplos: cotovelo curioso; óculos eufóricos; parangolés cansados etc.).

- Encaixe aleatoriamente palavras numa página em branco, para depois preenchê-la com um texto.
- Encontre palavras plurissignificativas no dicionário e crie textos que contemplem todos os seus significados (como no poema "Áporo").
- Escreva textos em que alguma palavra importante esteja ausente (que, se, eu, não etc.).
- Escreva textos em que uma letra esteja ausente, ou em que um som se repita, ou em que palavras ou frases se repitam.
- Crie desafios numéricos, aliterativos, combinatórios (seguindo o modelo de restrições do grupo OuLiPo,[13] por exemplo).

# Com a palavra: Beatriz Bracher

Quando começo a escrita de um romance nunca sei muito bem o que vou escrever. Foi assim com os quatro livros que publiquei. Eu tinha uma ideia, mas as primeiras páginas me mostraram rumos e mesmo histórias bem diferentes das que eu tinha imaginado. Então escrevo dez páginas, ou quinze, ou oito, paro e começo a fazer esquemas da estrutura que o livro terá, dentro da qual a trama irá se desenvolver. Mais ou menos uma semana depois, refaço os esquemas e a história já é outra. Então digo que planejo os livros que escrevo, mas nunca dá certo. Quer dizer, vai dando certo, sempre de acordo com o último planejamento.

Todos os meus romances sofreram muitas mudanças de rumo, e esse sentimento de não ter realmente planejado escrever aquilo pode dar a impressão de que existe algo de esotérico no ato de escrever uma história. Alguma coisa que o escritor não consegue controlar, que acontece independente de sua vontade. Entendo essa ausência de controle total de uma maneira mais humilde e terrena. Acho que existe o estado de estar escrevendo, um estado que ativa canais de comunicação com nós mesmos, nosso passado, histórias que vivemos e de que não nos lembrávamos, fragmentos de lugares que já vimos — enfim, canais com tudo o que está acontecendo a nossa volta. É um tipo de sensibilidade que se constrói ali, naquele período. São essas forças que são acessadas e interferem naquilo que estamos escrevendo de modo não consciente. Portanto, eu acredito decididamente que não somos donos do que escrevemos, somos mais portadores e misturadores das histórias que captamos. Esse ato de captar, escavar, absorver não é propriamente autoral; aliás, o mérito que um autor pode ter nesse momento é tentar ao máximo evitar ser ele mesmo. Depois virá o trabalho de rever a escrita: aí, sim, acho que o autor é e deve ser o dono da história.

Acho que o mundo contemporâneo à escrita de uma história está o tempo todo interferindo nela. No *Não falei*, inseri crônicas do Luis Fernando Verissimo e do João Ubaldo no meio da história. Mesmo porque, quando você está escrevendo, tudo parece dizer respeito à sua história. Gosto de fazer entrevistas e pesquisa para os livros que escrevo, elas sempre me trazem muito mais do que respostas às minhas perguntas. São novidades, elementos nos quais eu não tinha pensado mas que se encaixam na história, dando-lhe novo rumo. Também no *Não falei* há uma mulher vestida de branco, e que por isso o personagem acredita ser uma enfermeira. Isso aconteceu comigo e, no livro, rendeu muitas páginas. O real é mil vezes mais rico que a ficção, e acho importante estarmos atentos a isso ao escrever. E, ao mesmo tempo, preservar nosso tempo e nosso silêncio.

Em relação à força das palavras, não sei se são elas que conduzem minha escrita. Mas são as palavras que constroem tudo o que existe em uma história. Absolutamente tudo. Diferente, por exemplo, do que acontece com um roteiro de cinema, em que o que importa é aquilo a que as palavras se referem. Porque é isso que será filmado; não a palavra "sol", mas o próprio sol. Um roteiro é um mapa para se chegar a outro lugar. Um texto literário é o lugar ele mesmo. Nunca tenho uma ideia primeiro e depois a escrevo. Mesmo quando tenho uma ideia, para enxergá-la bem, para saber de sua pertinência eu preciso ir escrevendo, preciso ir construindo essa ideia com palavras, já dando forma à história. Por isso digo que são as palavras, não as ideias, que conduzem.

Acho que, quando falei da maneira como meus livros foram se transformando conforme eu os ia escrevendo, ficou claro como as ideias que os originaram deram com os burros n'água, e como o que vingou foi o que as palavras foram desenhando.

Eu deveria reler em voz alta a ficção que escrevo, sempre é algo que ajuda muito a perceber o que está sobrando em uma frase, em um parágrafo. Mas acabo me esquecendo de fazer isso. E como um romance é algo longo, não daria para ficar lendo-o inteiro em voz alta. O que eu sei é que revejo muitas vezes os meus livros, releio, reescrevo, corto bastante, sempre. Mas não saberia dizer se o que me leva a mudar um trecho é o ritmo, a sonoridade, a extensão da frase.

Quando escrevo e quando releio, a frase tem que ter peso e verdade. Isso tem muito a ver com ritmo, vocabulário, conectivos corretos, muita ou pouca vírgula. Enfim, seja o que for, não é algo que eu vejo depois que escrevi, porque o que fará aquela história ser verdadeira deve ser uma preocupação presente o tempo inteiro, desde o começo. Preocupação, procura, desejo. Mas o que há de diferente entre a primeira escrita e as que serão feitas em cima desse primeiro material, acredito, é que apenas quando estamos revendo nosso texto ficcional estamos, de fato, escrevendo-o. Antes disso não somos exatamente nós, e sim uma soma de gente e memórias e barulhos que vão entrando e se espalhando no papel — que não é nunca apenas papel em branco. O papel sobre o qual escrevemos as nossas histórias é a literatura e sua história.

# Princípio 2: Simplicidade

Machado de Assis, um dos autores mais concisos da literatura brasileira, dizia que "a tesoura é o melhor amigo do escritor". De fato, um texto ficcional que consiga expressar o máximo possível com um mínimo de recursos é um texto mais fluente e que impacta a leitura com mais potência.

Mas o que são simplicidade e concisão, e como obtê-las?

Antes de começar a explorar essas atribuições "irmãs", é preciso fazer uma observação importante: como já foi dito algumas vezes, não existem regras em literatura. Se falo aqui sobre simplicidade e concisão como qualidades importantes para a ficção, não ouso dizer que sejam imprescindíveis. Como veremos no próximo capítulo, mais importante ainda é a consciência do autor por trás dos recursos que utiliza. Se for intenção do autor escrever uma obra saturada de recursos narrativos, excessiva, prolixa ou mesmo complicada, não há problema. O leitor sempre detecta a consciência, mesmo sem uma análise detida. Ele a intui. Como exemplos de prolixidade intencional, temos Marcel Proust e seu *À procura do tempo perdido*, com frases tão longas que fica difícil localizar os atributos dos sujeitos, sendo necessário, quase sempre, relê-las; Guimarães Rosa e seu *Grande sertão: veredas*, que, em muitos casos, também exige releitura para a compreensão; Alan Pauls, que escreve frases enormes e digressivas, ou mesmo Jorge Luis Borges, que carrega seu texto de nomes, datas, notas de rodapé e referências que podem parecer desnecessários, mas são parte integrante de um plano de jogo babélico com o leitor. Em nenhum desses autores, essas características constituem um problema; ao contrário, são recursos *necessários* para a expressividade plena de seus projetos literários.

As palavras "simples", "complexo", "complicado", "explicar" e outras semelhantes têm todas uma mesma origem etimológica. O radical *pl*, como deve soar familiar, está relacionado a *dobra*. Daí o *plié* francês, tão utilizado nas aulas de dança, e também o "plissado", ou o efeito de várias dobras num tecido. Originalmente, *simples* queria dizer "sem dobras"; "complexo" e "complicado", "com dobras"; e "explicar", "desfazer as dobras". A etimologia nos ajuda a compreender melhor o sentido da simplicidade, ao associá-la à lisura e, por extensão, à fluência.

Mas lembre-se: simples não é sinônimo de fácil e nem complexo é sinônimo de difícil. Um texto literário pode ser complexo e simples. Aliás, para que algo fique simples é preciso trabalho e concentração ou, como diz uma frase atribuída ao padre Antônio Vieira: "Desculpe, mas não tive tempo de lhe escrever uma carta mais curta". Simples não significa, necessariamente, espontâneo ou genuíno. E mesmo essas duas atribuições tampouco se atingem com facilidade. O texto ficcional é um processo contínuo de transformação da palavra, em que a simplicidade, e também a espontaneidade, são recursos que demandam atenção constante. Mesmo um escritor como Jack Kerouac, por exemplo, cuja mitologia o define como alguém que escrevia sempre freneticamente, como se sob efeito de um transe, também revisava suas obras, editando e mudando o que considerava desnecessário.

Um texto liso, sem dobras, é, fundamentalmente, um texto que corre fluido, em que podemos nos sentir deslizando pelas palavras. Um texto claro, diante do qual o leitor se reconhece como um semelhante. "Esse livro fala uma língua que eu conheço, que eu também falo ou que, ao menos, reconheço." Ele pode ter sotaques, "erros", desvios de assunto, estruturas inovadoras e inesperadas, mas, mesmo diante de todas essas possibilidades, o leitor não se sente atropelado. Ele absorve com naturalidade o que a obra lhe oferece. Pensando figurativamente, é como se o leitor estivesse dirigindo por uma estrada bem sinalizada; ainda que haja trechos mais acidentados, curvas pronunciadas e congestionamento, ele se sente seguro ao conduzir.

Simples é o que evita refinamentos e rebuscamentos desnecessários. Diante da possibilidade de escolher, por exemplo, entre um termo culto, de extração elevada ou antiga e outro mais coloquial e facilmente compreensível, o texto simples opta pelo segundo. Entre "derradeiro" e "último", o princípio da simplicidade recomenda o uso de "último", excetuando-se o caso em que "derradeiro" se fizer necessário — por exemplo, se for próprio da fala culta de um personagem.

Todas as palavras têm especificidades, e pensar em simplicidade e concisão é pensar na propriedade de seu uso, já que é ela que conduz à precisão. Aliás, se um escritor opta por "último", no lugar de "derradeiro", no momento em que ele considerar apropriado usar "derradeiro", essa palavra terá muito mais significado e destaque do que se ele a usasse indiscriminadamente.

Vamos pensar, por exemplo, nos pretensos sinônimos: fundamental, relevante e essencial. Além de evitar o uso de termos tão aproximados em sequência — basta um —, devemos refletir sobre os significados próprios de cada um desses adjetivos, para que eles sejam usados com a devida precisão e, obviamente, concisão. Quanto mais preciso, mais conciso. O que é fundamental? É aquilo que representa um fundamento de algo, seu alicerce, sem o que esse "algo" desaba. E essencial é algo que se constitui como essência de uma situação, seu sumo, aquilo sem o que a coisa não tem sequer como existir. Evitar sinônimos desnecessários e usar as palavras em seu sentido mais apropriado é uma das formas mais eficazes de criar textos simples e concisos. O leitor vai incorporando os significados mais exatos de cada termo e sua compreensão e fruição do texto ficam mais aguçadas e fluidas.

É claro que não é necessário controlar conscientemente cada termo e cada sequência de sinônimos, caso contrário o autor não teria chance de deixar a pena correr. Mas esse é um hábito que, aos poucos, a mente absorve e pratica; até porque é no momento de releitura e revisão que se fazem essas correções de rota, eliminando adjetivos e buscando maior exatidão nos campos semânticos.

Simples é algo que se explica por si mesmo, na medida do possível, sem necessidade de comentários explicativos, descrições exaustivas e locuções controladoras.

No texto de ficção, em geral, como se trata de personagens *vivos*, ativos e que têm autonomia, quanto mais vivas e dinâmicas forem as cenas por eles vividas, mais o efeito de vivência e experiência se acentua no leitor. Se, a cada sequência, a narração se detém para explicar ou comentar o que se passou, tentando, com isso, controlar ou direcionar as impressões do leitor, o efeito de vivacidade se perde e o leitor como que *sai*, se distancia da narração.

Muitos autores caem na tentação de tecer explicações e comentários, talvez por duvidar de que as ações narradas expressem sozinhas o que deveriam. Mas é um erro. Se a cena parece não bastar, é preciso trabalhá-la melhor, explorá-la até que transmita o que se pretende contar. Também é ilusório pensar que é possível determinar as opiniões ou interpretações dos leitores. Comentar a cena não garante em nada que a leitura seja idêntica à desejada; pelo contrário, enfraquece a dinâmica própria dos acontecimentos.

Após determinadas cenas, não é incomum lermos comentários explicativos como "esse acontecimento teve uma repercussão inesperada para X", "X nunca tinha vivido algo tão difícil em sua vida", "X e Y nunca mais se dirigiram a palavra após essa experiência" e assim por diante. Essa inserção do narrador, ou mesmo do próprio autor, no fluxo dos acontecimentos, reduz a autonomia das cenas, tornando-as fantoches da narração, que assume o controle, fazendo com que o leitor se sinta também ele controlado e conduzido.

Descrições excessivamente detalhadas, seja de lugares, pessoas ou ações, também prejudicam o efeito de simplicidade. Muitas vezes, é preferível reler o trecho e verificar se não é possível, por exemplo, substituir vários segmentos da descrição por metonímias, adjetivos ou locuções adjetivas que, sozinhos, podem criar uma sugestão descritiva mais potente do que uma descrição exaustiva.

Machado de Assis, no conto "A causa secreta", conta que Fortunato, médico sádico, diante de um estudante que veio prestar-lhe agradecimento, "acabou batendo com as borlas do chambre no joelho". Nada mais representativo da apatia de Fortunato diante do garoto e da tentativa deste de comovê-lo. Não é necessário, nesse caso, relatar em minúcias o quanto o personagem é indiferente; basta um relance, uma cena incomparável em seu retrato do personagem.

Também Franz Kafka, no romance *O processo*, coloca um delegado igualmente indiferente ao acusado:

enquanto escuta seu depoimento, ele compara os tamanhos dos palitos de uma caixa de fósforos. Que interesse pode ter nas respostas do acusado um delegado entretido com esse passatempo? Além de não ser necessário descrever a personalidade do médico ou do delegado e apontar detalhes de seus perfis físicos e morais, essa pequena ação é mais literariamente eficaz e, de quebra, bem mais simples.

As descrições muito minuciosas, se não se mostrarem necessárias por algum motivo que fique claro para o leitor, prejudicam a fluência da leitura e também o efeito mais direto de apreensão e identificação com a cena narrada.

A simplicidade também está relacionada à sinceridade, um substantivo bastante subjetivo e que demanda esclarecimentos. Quando falo de sinceridade, aqui, me refiro à forma como o narrador não disfarça seu olhar, evitando preenchê-lo com adjetivos, eruditismos, citações, rebuscamentos ou frases de efeito. Esse narrador "sincero" hesita, duvida, falha, aceita as interferências do acaso e reconhece seus limites.

Se fosse possível estabelecer uma comparação com a arquitetura, por exemplo, poderíamos falar de uma tradição arquitetônica que vem desde o início do século xx, em que, no lugar de muitos tecidos, coberturas, pinturas, ornamentos, as casas passaram a revelar seus "esqueletos", mantendo aparentes o concreto, o vidro, os tijolos e até os encanamentos e a fiação. No lugar de palacetes com inúmeros cômodos e construções neoclássicas ou barroquizantes, as casas adquiriram formas mais geométricas e planas, simplificando os ambientes e as conexões entre eles. São casas que ressaltam a praticidade, a funcionalidade e, se é possível dizê-lo, a "verdade" de seus materiais.

O mesmo se dá com a literatura moderna e contemporânea, que, a partir do início do século xx, se tornou mais permeável à realidade comum, enfatizou a importância e o lugar do anti-herói, questionou seu próprio papel de representação, introduziu a coloquialidade, as variantes linguísticas, admitiu "erros" gramaticais e foi, aos poucos, abolindo a exaustão descritiva, o narrador que tudo sabe e tudo domina, a língua castiça e erudita e a idealização ou extrema naturalização dos personagens. Em relação à ficção do século xix, é possível afirmar, sem medo, que a ficção do século xx é mais simples.

Uma das maiores utopias de qualquer escritor é fazer coincidir aquilo de que se fala com a forma como se fala. Conseguir fazer com que um fato triste seja narrado de tal modo a entristecer o leitor; que uma cena de calor faça o leitor querer se abanar; que se possa visualizar, cheirar, ouvir e tocar o que se narra. Quando o escritor encontra o campo semântico — isto é, palavras que remetem a uma determinada atmosfera — capaz de fazer uma cena sombria parecer sombria; quando encontra a sintaxe — frases curtas, longas, subordinadas, coordenadas — e a pontuação — pontos e vírgula, parênteses, travessões —, além do ritmo, da dicção, do tempo e do espaço e tantos outros recursos que fazem com que determinada sensação ou sentimento seja transmitido com o máximo de fidelidade, pode-se dizer que esse autor atingiu a desejada coincidência entre objeto e linguagem. Pode-se afirmar que, com poucas exceções, esse vínculo tão próximo entre tema e tratamento do tema resulta em simplicidade. É necessário muita precisão, cortes e um trabalho exaustivo de busca do *mot juste*, a expressão ideal, para que se crie esse efeito de organicidade em uma narração.

Vamos analisar um conto conhecido de Dalton Trevisan, um dos autores mais concisos da literatura brasileira: "Uma vela para Dario".

Dario vem apressado, guarda-chuva no braço esquerdo. Assim que dobra a esquina, diminui o passo até parar, encosta-se a uma parede. Por ela escorrega, senta-se na calçada, ainda úmida de chuva. Descansa na pedra o cachimbo.

Dois ou três passantes à sua volta indagam se não está bem. Dario abre a boca, move os lábios, não se ouve resposta. O senhor gordo, de branco, diz que deve sofrer de ataque.

Ele reclina-se mais um pouco, estendido na calçada, e o cachimbo apagou. O rapaz de bigode pede aos outros se afastem e o deixem respirar. Abre-lhe o paletó, o colarinho, a gravata e a cinta. Quando lhe tiram os sapatos, Dario rouqueja feio, bolhas de espuma surgem no canto da boca.

Cada pessoa que chega ergue-se na ponta dos pés, não o pode ver. Os moradores da rua conversam de uma porta a outra, as crianças de pijama acodem à janela. O senhor gordo repete que Dario sentou-se na calçada, soprando a fumaça do cachimbo, encostava o guarda-chuva na parede. Mas não se vê guarda-chuva ou cachimbo a seu lado.

A velhinha de cabeça grisalha grita que ele está morrendo. Um grupo o arrasta para o táxi da esquina. Já no carro a metade do corpo, protesta o motorista: quem pagará a corrida? Concordam chamar a ambulância. Dario conduzido de volta e recostado à parede — não tem os sapatos nem o alfinete de pérola na gravata.

Alguém informa da farmácia na outra rua. Não carregam Dario além da esquina; a farmácia no fim do quarteirão e, além do mais, muito peso. É largado na porta de uma peixaria. Enxame de moscas lhe cobrem o rosto, sem que façam um gesto para espantá-las.

Ocupado o café próximo pelas pessoas que apreciam o incidente e, agora, comendo e bebendo, gozam as delícias da noite. Dario em sossego e torto no degrau da peixaria, sem o relógio de pulso.

Um terceiro sugere lhe examinem os papéis, retirados — com vários objetos — de seus bolsos e alinhados sobre a camisa branca. Ficam sabendo do nome, idade, sinal de nascença. O endereço na carteira é de outra cidade.

Registra-se correria de uns duzentos curiosos que, a essa hora, ocupam toda a rua e as calçadas: é a polícia. O carro negro investe a multidão. Várias pessoas tropeçam no corpo de Dario, pisoteado dezessete vezes.

O guarda aproxima-se do cadáver, não pode identificá-lo — os bolsos vazios. Resta na mão esquerda a aliança de ouro, que ele próprio — quando vivo— só destacava molhando no sabonete. A polícia decide chamar o rabecão.

A última boca repete. — *Ele morreu, ele morreu*. A gente começa a se dispersar. Dario levou duas horas para morrer, ninguém acreditava estivesse no fim. Agora, aos que alcançam vê-lo, todo o ar de um defunto.

Um senhor piedoso dobra o paletó de Dario para lhe apoiar a cabeça. Cruza as mãos no peito. Não consegue fechar olho nem boca, onde a espuma sumiu. Apenas um homem morto e a multidão se espalha, as mesas do café ficam vazias. Na janela alguns moradores com almofadas para descansar os cotovelos.

Um menino de cor e descalço vem com uma vela, que acende ao lado do cadáver. Parece morto há muitos anos, quase o retrato de um morto desbotado pela chuva.

Fecham-se uma a uma as janelas. Três horas depois, lá está Dario à espera do rabecão. A cabeça agora na pedra, sem o paletó. E o dedo sem a aliança. O toco de vela apaga-se às primeiras gotas da chuva, que volta a cair.[1]

Trata-se de um conto breve que, em poucas linhas, alcança um retrato agudo e preciso de um fenômeno que, infelizmente, é recorrente no país, mesmo após tantos anos de sua publicação. Um homem morre no meio da rua, sem receber o socorro necessário, e seus pertences são pouco a pouco roubados. Ele morre só e subtraído de sua dignidade.

Vejamos de que forma o autor obtém o efeito tão forte de provocar, no leitor, a indignação necessária e por que é tão coerente que essa indignação seja expressa dessa maneira: simples e concisa.

Logo nas primeiras linhas, o leitor se dá conta, quase imperceptivelmente, de que Dario carregava um guarda-chuva, fumava cachimbo e vestia paletó com bolsos, onde guardava vários objetos e uma carteira de outra cidade, além de portar gravata. Ou seja, com pouquíssimas caracterizações, o leitor intui tratar-se de um cidadão de classe média. Aliás, todas as caracterizações do conto são extremamente breves, pois não é isso o que está em jogo. "O senhor gordo, de branco"; "o rapaz de bigode"; "a velhinha de cabeça grisalha"; "um senhor piedoso"; "um menino de cor" são todos personagens típicos de uma cena urbana, cujo perfil minucioso tiraria o foco de Dario e do que se passa com ele e em torno dele.

O conto inteiro tem apenas dez adjetivos, empregados em sentido preciso e concreto, fazendo com que o todo seja tão seco e direto quanto o próprio acontecimento que está sendo narrado. Aliás, a coincidência entre o que se conta e como se conta é um dos fundamentos da simplicidade e um dos grandes ideais de qualquer escritor. Todas as palavras do conto pertencem ao repertório coloquial, praticamente não há metáforas, e, embora a história narrada seja bastante criticável do ponto de vista ético — transeuntes se apossam dos pertences de um morto —, não há comentário algum do narrador, ficando a cargo do leitor extrair suas conclusões. A ausência de comentários, por sinal, é um dos aspectos que potencializam ainda mais a crítica que se estabelece.

É interessante notar também a elipse de vários verbos, artigos e preposições: "concordaram chamar a ambulância"; "Dario conduzido de volta e recostado à parede"; "a farmácia no fim do quarteirão e, além do mais, muito pesado"; "o guarda aproximou-se do cadáver e não pôde identificá-lo — os bolsos vazios". Essas e outras frases semelhantes fazem com que o conto, de certa forma, imite o que se passa com o personagem, pois é como se as palavras também tivessem sido roubadas da narrativa. Mas, além desse efeito, a concisão das frases demonstra de forma clara e precisa o efeito de apatia da multidão diante da morte de um homem qualquer. A conclusão, enxuta e crua, dá conta da pouca importância do evento no cotidiano da cidade.

Vejamos o início do livro *Diário da queda*, de Michel Laub:

> Meu avô não gostava de falar do passado. O que não é de estranhar, ao menos em relação ao que interessa: o fato de ele ser judeu, de ter chegado ao Brasil num daqueles navios apinhados, o gado para quem a história parece ter acabado aos vinte anos, ou trinta, ou quaren-

ta, não importa, e resta apenas um tipo de lembrança que vem e volta e pode ser uma prisão ainda pior que aquela onde você esteve.[2]

O livro começa sem preparação ou contextualização. *In medias res* como se costuma dizer, ou "no meio da coisa". Não é preciso deter-se em apresentações desnecessárias: quem é o narrador, onde está e em que época; quem era o avô, o que ele fazia e por que veio ao Brasil. A cena é apresentada sem delongas nem excessos, indo direto ao que interessa. A linguagem é simples e direta. Um detalhe, a expressão "não importa" acrescenta sinceridade e apelo à intimidade com o interlocutor.

No livro *Um beijo por mês*, Vilma Arêas expõe fragmentos e instantâneos de cenas vividas e inventadas. Uma dessas cenas narra cruamente uma experiência de tortura:

CONVERSA

Vou te contar uma coisa engraçada.
Eu estava pendurado no pau de arara, pronto para ser torturado.

Já tinham até me jogado um copo d'água no corpo.

De repente o torturador surtou. Devia estar sofrendo uma baita tensão. Enfiou um revólver na minha boca aos berros.

— Seu judeu comunista filho da puta, vou te matar agora. Neste minutinho.

Pois eu fiquei frio, não tive o menor interesse naquele papo.

Já estava pensando "Agora vou morrer, vai acabar essa merda de uma vez", quando entreabriram a porta da salinha e chamaram o torturador.

Ele largou tudo, foi lá, conversou um bom tempo com o cara.

Quando voltou esqueceu de me matar.

Acho que perdeu a inspiração. Passou o momento.

E recomeçou o trabalho metodicamente, no ponto em que tinha interrompido.

Conclusão: fui salvo não pelo gongo, mas pelo acaso.

Mas aprendi uma coisa, você pode não acreditar: é que no fundo, no fundo, minha vida não me interessa.[3]

O fato narrado nesse fragmento é, como sabemos, extremamente grave e traumático. Mas a forma como é abordado chega até a ser cômica, pelo despojamento e pela brevidade das frases. Sua comicidade, entretanto, não torna o fato menos violento e, ao contrário, até potencializa a violência, dadas a crueza e a secura com que é explorado. Não há grandiloquência ou dramaticidade, o que acentua o pouco-caso que o personagem dedica à própria vida, como afirma no final. Caso o texto fizesse o leitor sentir pena do personagem, isso não seria compatível com o que ele próprio diz sobre sua atitude e sua experiência. Ele não credita sua sobrevivência à coragem, mas ao acaso, e é dessa maneira que o texto trata o tema: com a simplicidade dos acasos. A ausência de solenidade no vocabulário e na sintaxe é em tudo coerente com a ausência de cerimônia com que o personagem lembra o acontecido. Um conto simples e potente.

IDEIAS PRÁTICAS

Seguem algumas ideias de exercícios e atividades para que seu texto fique mais simples e conciso:

- Escreva durante cinco minutos, sobre algum acontecimento recente sem importância. Escreva sem censura e sem pensar na forma como o texto está sendo escrito. Em seguida, releia e reescreva o mesmo texto, cortando 30% das palavras, criteriosamente. Em seguida, corte de novo, 50% ou mais. Ao final, compare as três versões e analise os cortes.

- Verifique todos os adjetivos de seus textos: há sinônimos? Eles são indispensáveis? Não poderiam ser substituídos ou suprimidos? Não é possível eliminar alguns ou vários adjetivos ou trocá-los por locuções adjetivas ou por substantivos?

- Releia seu texto e procure identificar todas as vezes em que há comentários do narrador sobre o que se passou. Decida se todos esses comentários são realmente necessários.

- Verifique a quantidade de metáforas, mas principalmente sua qualidade. Se o texto se excede em abstrações e imagens, tornando-se derramado, sentimental ou grandiloquente, pense se não é o caso de enxugá-lo.

- Busque os termos mais eruditos, antigos ou rebuscados e decida se os considera necessários ou se não poderiam ser suprimidos ou substituídos por termos mais simples, contemporâneos ou coloquiais.

# Com a palavra: José Luiz Passos

Não é fácil pensar a simplicidade numa obra literária. Prefiro ver a simplicidade como uma das relações possíveis entre autora, texto e leitora. Ou seja, há muitos modos de se colocar um livro ou texto na nossa vida e um deles é aquele em que predomina certa expectativa de singeleza ou desafetação, tanto da parte de quem escreve como da de quem lê ou faz o texto circular. O mais importante, para mim, é que, num contexto desses, o texto se distancia da opacidade e se aproxima de uma suposta transparência. E isso, é claro, pode ser produtivo, mas também pode ser artificioso.

Em literatura de ficção, não acho que a simplicidade seja necessariamente um bem em si mesmo. Um texto muito cortado, ou editado demais, pode ficar críptico ou hermético, dando a impressão de algo diluído ou insosso, genérico. Tudo vai depender da relação pretendida com o texto e com as leitoras e leitores. Às vezes, a opacidade é reveladora.

Cortar é quase sempre essencial: tal como em origamis, filigranas, trabalho de renda e bandeiras de são João, o corte antes, durante e depois do processo de produção da peça colabora para um quadro de maior complexidade, calcada na redução ou no enxugamento dos materiais preexistentes. Evitar explicações e comentários é, em geral, boa estratégia. E um grande sinal de simplicidade está, talvez, na tentativa de não causar na leitora ou no leitor a impressão de que ela ou ele precisaria de um manual de instruções, a fim de conseguir ler ou saber usar o texto em questão.

Mas não vejo uma oposição necessária entre simplicidade e hermetismo ou algo labiríntico. O simples não é oposto ao difícil; é oposto ao abstruso. Em narrativa de ficção, a simplicidade é um dos artifícios possíveis, assim como a oralidade num livro (pelo menos num livro impresso), por exemplo, é uma convenção da própria escrita.

É possível ser simples e complexo ao mesmo tempo. Também acho importante considerarmos a simplicidade como parte do processo de transmissão e fruição do texto. Não é apenas uma questão de a autora ou o autor produzir um texto que seja, e para sempre permaneça, *inerentemente* simples. Para alguns leitores, *Vidas secas* pode ser lido como um texto marcado pela simplicidade; para outros, o livro permanece com certo quê de impenetrável. Seria *Vidas secas* mais simples que *Grande sertão: veredas*, porém mais complexo do que a estreia de Graciliano no gênero, *Caetés*? Hum. É precisamente aí, na minha opinião, que a questão da simplicidade perde a utilidade.

# Princípio 3: Consciência narrativa

Discorrer sobre a consciência narrativa não significa, de forma alguma, buscar conhecer as intenções do autor. Isso, na maior parte dos casos, não é factível, e, sobretudo, não é desejável. As intenções do autor não são relevantes para se ler ou analisar uma obra. O que o leitor tem diante de si é o texto e é sobre ele que é preciso se deter.

Atualmente, é quase um consenso que os sentidos de um texto não existem a priori, mas são construídos no diálogo entre texto e leitor. Um exemplo interessante é o poema "Neste dia", de Roy David Frankel, em que o poeta reproduz de forma integral, sem interferência alguma, as palavras de um deputado:

*Neste dia*
*de glória para o povo*
> *brasileiro,*
*um nome entrará*

*para a história nesta*
*data pela forma como*
*conduziu os trabalhos desta*
*Casa: parabéns, Presidente*
*Eduardo Cunha!*

*Como vota, Deputado?*[1]

A única intervenção do poeta, nesse caso, foi a disposição das palavras como versos distribuídos na página. Dependendo da circunstância e do histórico de cada leitor, o poema pode ser interpretado de maneiras diferentes. Não existe uma linguagem que seja intrinsecamente poética; é o deslocamento do discurso que possibilita transformar a fala de um congressista em poema, e sua interpretação permanece aberta.

A escrita de uma narrativa ficcional — conto, novela, romance — comporta inúmeras opções importantes, maiores e menores, que podem ocorrer antes, depois e principalmente durante o processo, e que vão determinar os caminhos e a identidade que a obra irá tomar.

O escritor precisa ter consciência dessas opções e saber que cada uma delas imprime determinadas características à sua escrita: atmosfera, tom, confiabilidade por parte do leitor ou não, maior ou menor neutralidade, maior ou menor objetividade, aproximação ou distanciamento do leitor em relação ao texto, intimidade ou formalidade, emoção ou apelo à razão e muitas outras. Não é necessário que o autor tenha absoluta consciência e controle de cada uma dessas características, mas é importante saber que suas decisões acarretam marcas específicas e que o momento da releitura e reescrita é fundamental para que o escritor decida optar ou não por elas.

O foco narrativo é, sem dúvida, uma das decisões mais importantes que se deve tomar para desenvolver uma narrativa ficcional. O uso da primeira ou da terceira pessoa — as vozes mais comuns e tradicionais —, ou ainda da segunda pessoa, ou, ainda mais, de vozes plurais, é decisivo para a perspectiva assumida pela obra diante do que é narrado. O foco narrativo está relacionado à *distância* do narrador em relação aos acontecimentos. Aliás, daí o nome *foco narrativo*. É uma questão de ajuste de foco.

O foco narrativo em primeira pessoa é o mais próximo da cena, acentuando a subjetividade e a não confiabilidade da voz. No caso em que o narrador é o próprio personagem protagonista, seu envolvimento é tamanho que sua perspectiva dos acontecimentos é limitada e, claro, não muito confiável em termos de testemunho. Por outro lado, esse narrador tem acesso a sentimentos, detalhes expressivos, gestuais e verbais que o narrador em terceira pessoa mal pode divisar.

O narrador em primeira pessoa que não é protagonista pode ter sido testemunha do que se passou, pode ter ouvido falar, pode ter lido a respeito ou outra circunstância semelhante. Esse narrador é um pouco menos subjetivo do que a primeira pessoa protagonista e sua palavra é um pouco mais confiável; ainda assim, seu ponto de vista é bastante carregado de subjetividade, vieses (amor, raiva, vingança, justiça etc.), e sua proximidade aos acontecimentos faz com que a narração seja mais emotiva e parcial.

O exemplo clássico de narrador-protagonista é Bentinho, de *Dom Casmurro*. Passamos a leitura acreditando em tudo o que Bentinho narra, já que sua narração é bastante persuasiva e aparentemente objetiva em vários sentidos. Aos poucos, o leitor se dá conta de que tudo foi narrado em primeira pessoa e, portanto, é evidente que a *intenção* do narrador era justamente ganhar o leitor para suas teses. A partir dessa constatação, o leitor passa a duvidar do que lê e o romance ganha contornos mais interessantes e ambíguos.

Já outro clássico, *A cidade e as serras*, de Eça de Queiroz, é um bom exemplo do narrador-testemunha.

Nesse livro, Zé Fernandes é amigo de Jacinto, o protagonista. Mas não é o último e sim Zé Fernandes quem narra toda a história, quem mostra a passagem de Jacinto da condição de amante inveterado da tecnologia, hostil à natureza e ao que considera "primitivismo", à de admirador e amante das serras. Se fosse o próprio Jacinto o narrador, o leitor não conheceria seus aspectos cômicos e criticáveis, a ironia seria quase impossível e não haveria distanciamento suficiente para que pudéssemos rir e nos compadecer desse personagem, cuja trajetória representa também um pensamento, além de uma personalidade. A relativa distância de Zé Fernandes permite que a ironia, marca determinante desse romance realista, predomine e possa se vincular a teses próprias da época.

Da mesma forma, decidir-se pela terceira pessoa acarreta características específicas, especialmente ligadas à distância. Esse narrador tem maior imparcialidade e pode observar os acontecimentos de forma mais abrangente e completa. Ele pode optar por "desaparecer" da narração, caso em que mal se torna perceptível e o que se enfatiza é o transcorrer das coisas, os personagens, suas falas, ações e a ambientação; ou então pode optar por participar do que narra, intervindo, se cumpliciando e opinando sobre as circunstâncias.

Flaubert é uma espécie de arquétipo do primeiro

caso, pois o desejo prevalecente de suas narrativas é de que o narrador praticamente inexista, como se as peripécias narradas "brotassem" espontaneamente diante do leitor, como se ele as estivesse vendo por uma janela ou, muitas vezes, através de uma lupa. É claro que essa pretensa neutralidade narrativa é inexequível, pois as próprias escolhas do que narrar representam tendenciosidade. Mas o que importa é a tentativa de obter o maior grau de neutralidade possível.

O segundo caso, o assim chamado "narrador onisciente intruso", é bem diferente — diria que quase oposto ao primeiro, apesar de ambos serem em terceira pessoa —, e é também um predecessor de inúmeras tendências modernas e contemporâneas da literatura, em que o narrador claramente expõe seu lugar e sua incontornável participação naquilo que observa e narra. Nesse caso, junto com as cenas narradas, o narrador assume sua voz e opina sobre os personagens (adjetivando-os, invocando-os, controlando-os de forma mais ou menos sutil), conversa com eles e/ou com os leitores, abre parênteses, faz digressões. Ele está ao mesmo tempo próximo e distante do que conta, variando sua "câmera" conforme seu desejo e sua conveniência. O exemplo mais claro e contundente desse narrador é Machado de

Assis, e podemos escolher *Quincas Borba* como caso paradigmático desse narrador intervencionista.

> E enquanto uma chora, outra ri; é a lei do mundo, meu rico senhor; é a perfeição universal. Tudo chorando seria monótono, tudo rindo, cansativo; mas uma boa distribuição de lágrimas e polcas, soluços e sarabandas, acaba por trazer à alma do mundo a variedade necessária, e faz-se o equilíbrio da vida.[2]

No excerto acima, o narrador se dirige ao leitor (ou leitora, como ele muitas vezes diz ironicamente), opina sobre a própria narração e termina com uma frase sentenciosa sobre o ato de escrever. Isso tudo em meio à história e não como prólogo ou epílogo. É claro que esse tipo de narração confere poder ao narrador, permitindo que ele controle tanto os personagens quanto, muitas vezes, a leitura que se pratica. Apesar de não parecer (e esse é um dos truques do "intruso"), ele se distancia bastante do que conta, o que lhe permite usar e abusar da ironia; seu maior diferencial são justamente a distância e a atitude racional que essa ironia permite a quem narra.

O uso do narrador onisciente intruso antecipa aspectos da literatura dos séculos xx e xxi, já que demanda o uso tanto de metalinguagem como do discurso indireto livre, dois dos traços preponderantes da prosa de ficção moderna e contemporânea e também duas características importantes para o estudo do narrador. No trecho destacado de *Quincas Borba*, no momento em que o narrador se dirige ao leitor ("meu rico senhor") e comenta sobre a condução da narrativa, ele se vale do recurso metalinguístico, em que o que está em jogo não é somente a trajetória dos acontecimentos romanescos mas o próprio ato de narrar.

É como se o narrador, por alguns momentos, se "desligasse" da história para avaliá-la e assumir que está a escrevê-la e que o leitor está a lê-la. Nesse sentido, mesmo que haja maior ou menor grau de revelação, aquilo que está sendo representado (a própria história e seus acontecimentos) perde um pouco da importância e tanto o leitor como o narrador assumem seu lugar real. Isso, de certa forma, põe a perder a fábrica de ilusões ficcional, pois recoloca o leitor em seu lugar de leitor, obrigando-o a abandonar seu posto de "viajante" do que lê. Trata-se de um questionamento, que depois irá assumir força de vertente literária, pondo em xeque o próprio lugar da representação.

O discurso indireto livre, utilizado por alguns romancistas em séculos anteriores, torna-se, a partir do início do século xx, um dos traços mais marcantes da literatura ocidental. Para utilizá-lo, é essencial conhecer os efeitos por ele provocados. Esse discurso como que combina a narração em primeira e em terceira pessoa, assumindo a indecidibilidade do foco e até mesmo daquilo que se está a narrar. É um recurso que deixa o leitor razoavelmente confuso sobre quem narra os acontecimentos e que mostra de que forma o narrador está "misturado" ao personagem e ao que narra.

> Em que estariam pensando? zumbiu Sinhá Vitória. Fabiano estranhou a pergunta e rosnou uma objeção. *Menino é bicho miúdo, não pensa.* Mas Sinhá Vitória renovou a pergunta e a certeza do marido abalou-se. Ela devia ter razão. Ela sempre tinha razão.[3]

No trecho destacado acima (em redondo) é impossível saber se quem está falando é Fabiano, até esse momento objeto de narração em terceira pessoa, ou se é o narrador quem mantém a palavra, como que "entrando" na mente do personagem e adivinhando o que ele está a pensar. Essa impossibilidade é muito rica para a história e para o leitor, pois, além de confirmar reiteradamente o silêncio, a dificuldade de Fabiano com as palavras, também mostra de que forma esse narrador criado por Graciliano Ramos se mistura àquilo que conta, ao ambiente e ao sofrimento dos personagens.

O leitor mais ingênuo pode não perceber esse efeito, mas, certamente de maneira inconsciente, o discurso indireto livre "penetra" a leitura, tornando-a mais dinâmica e, de certa forma, "estranha". Já o leitor mais atento vai experimentar uma leitura crítica desse misto de proximidade e distância e, com isso, vai aprofundar sua visão sobre a perspectiva do romance.

Há inúmeras formas de utilizar o discurso indireto livre, desde as mais claras, como no exemplo citado, até as mais sutis, mas todas trabalham no sentido de provocar a sensação de mistura entre narrador e personagem e de enriquecer a complexidade do que se conta.

Em relação ao foco narrativo, ainda é possível optar pela segunda pessoa, pela pluralidade mais ou menos clara de focos e também pelo fluxo de consciência.

A segunda pessoa, em que o narrador se dirige a um "você" — como, por exemplo, no romance de Italo Calvino *Se um viajante numa noite de inverno* ou de Guimarães Rosa, em *Grande sertão: veredas* —, gera um sentimento de desafio no leitor, porque é inevitável que esse "você" se torne também a pessoa que está lendo a obra. Ao mesmo tempo, possibilita a incursão da ironia e da metalinguagem, porque não há como esse narrador não ser reconhecido como um recurso narrativo. Perde-se um tanto da ilusão narrativa, do efeito representacional, mas ganha-se em criticidade e autoquestionamento. Como sempre, é uma questão de escolha, de "intencionalidade" do texto.

Já o fluxo de consciência, tão próximo do discurso indireto livre, é uma espécie de penetração na mente da personagem, de modo que o narrador fica livre para, a partir daí, narrar de forma associativa e aberta, sem compromissos grandes com a cronologia, a sequencialidade, a linearidade e sem poupar digressões, frases longas e subordinativas. Alguns dos maiores e melhores exemplos da técnica estão nas obras de Virginia Woolf, Marcel Proust e, no Brasil, de Clarice Lispector.

Para concluir, e reafirmando a ideia de que em literatura *tudo* é possível, existe ainda a opção dos múltiplos focos narrativos, combinando a primeira, a terceira, a segunda pessoa, além das outras possibilidades aqui levantadas. Isso ainda pode ser feito de forma mais sistemática (por exemplo, cada capítulo ser narrado por uma voz diferente, como no caso do romance *As meninas*, de Lygia Fagundes Telles, ou *De verdade*, do húngaro Sándor Márai) ou mais confusa, em que os focos se sucedem quase imperceptivelmente, dentro de um mesmo parágrafo ou frase, como faz J. M. Coetzee no romance *Desonra*. Esse efeito pode servir para mostrar simultaneidade de vozes, indecisão sobre a perspectiva mais acertada para narrar um acontecimento, simbiose entre personagens, confusão da memória e ainda outras possibilidades que dependem da consciência narrativa.

Outra decisão fundamental para o escritor, ao lado do foco narrativo, é o tempo verbal a ser escolhido para narrar. Cada tempo acarreta efeitos narrativos diferentes e próprios e é preciso conhecê-los para poder optar por um ou outro.

Estabelecer tudo aquilo que diz respeito ao tempo, numa narração em prosa, é uma das decisões mais difíceis e importantes no trabalho de um escritor. O tempo tem tantas camadas de significação, e nossa percepção sobre sua passagem é tão variada, que se torna uma tarefa das mais complexas expressá-lo. O tempo físico, ou cósmico, é imensurável e não cabe nem nos relógios e nem em nossa medição, até certo ponto arbitrária. Mesmo assim, ele também entra nas obras literárias, em sua dimensão metafísica, histórica ou arqueológica, como se encontra, por exemplo, em obras como *José e seus irmãos*, de Thomas Mann, ou *A morte de Virgílio*, de Hermann Broch.

Já o tempo subjetivo, em que o mais determinante é a percepção individual de sua passagem, varia e contém inúmeras particularidades. Cristóvão Tezza, por exemplo, no livro *O professor*, escreve cerca de duzentas páginas para um episódio de apenas duas horas, quando o professor se prepara para um discurso que irá proferir. Em *A paixão segundo G.H.*, de Clarice Lispector, o tempo se aprofunda a tal ponto no solilóquio da protagonista que a sensação é a de que se passou uma vida inteira, quando na verdade transcorreram apenas algumas horas ou nem mesmo isso.

Já o conto "O perseguidor", de Julio Cortázar, narra a defasagem entre o tempo interior do personagem (que volta para seu passado e suas lembranças antigas) e o tempo do relógio, que marca apenas três minutos entre uma estação e outra de metrô. Esse contraste entre o tempo que passa na mente dos personagens e o tempo marcado nos relógios é muito rico, aliás, para que o leitor perceba essas duplas ou triplas superposições temporais.

Além de tudo isso, há também o tempo dos calendários, relógios e celulares, que é, na realidade, aquele pelo qual a vida nas cidades é mais pautada e com o qual é possível estabelecer jogos interessantes de narração e diálogos, inclusive aproveitando recursos tecnológicos atuais, como conversas por WhatsApp ou e-mails.

Outro recurso fundamental no trabalho com o tempo é a possibilidade — e, muitas vezes, a necessidade — de expressar simultaneidade, duração e instantaneidade. É muito importante que cada escritor reflita sobre esses aspectos do tempo e decida como vai realizá-los. Começar por suprimir as marcações muito fixas de começos e finais (*naquela manhã, no dia seguinte, depois de duas horas, ao acordar*) já é um bom passo na direção de expressar a duração. Contrastar tempos objetivo e subjetivo também é uma boa ideia nesse sentido, e para expressar simultaneidade e instantaneidade o tempo contínuo, tanto no presente quanto no passado, é uma solução interessante.

O tempo verbal mais comum na ficção literária é, sem dúvida, o passado. É só pedir para uma criança contar uma história que ela, sem hesitar, vai dizer "Era uma vez" ou "A gente estava no parquinho". E isso não acontece somente com crianças: também adultos, em conversas cotidianas, ao se disporem a narrar alguma coisa, passam a conversa imediatamente para o passado ou falam de algo que já aconteceu. É o modo mais tradicional, convencional de narrar. Aliás, o ato de contar histórias é um fenômeno que se dá no tempo, diferentemente da pintura ou da arquitetura, cujas presenças acontecem no espaço. A apreensão narrativa se dá ao longo do tempo, e essa, na verdade, é uma das dificuldades do escritor: expressar em sequência acontecimentos que ocorreram de maneira instantânea ou simultânea. De qualquer modo, para ser o mais fiel possível ao que se passou e garantir a autenticidade na forma de narrar, os diferentes tempos verbais são essenciais. É claro que é quase impossível narrar um romance inteiro usando apenas um único tempo verbal. Falo aqui de preponderâncias e de suas consequências estilísticas.

O pretérito imperfeito é, sem dúvida, o tempo verbal mais utilizado na história dos romances. A possibilidade de, ao mesmo tempo, falar de algo que ocorreu no passado e também de sua duração e repetição funciona bem em histórias nas quais se ressaltam a lembrança, a nostalgia, a memória voluntária ou involuntária.

Em primeiro lugar, é interessante recorrer à etimologia de ambos os termos para tentar entender melhor suas características. *Pretérito*, vocábulo tão pouco usado em nossa língua, a não ser para designar esse tempo verbal, significa, na origem, "deixado de lado, preterido", ou seja, transcorrido. Mas o mais interessante é o *imperfeito*, cuja etimologia esclarece a dúvida que todos temos sobre o porquê dessa terminologia. Na realidade, *imperfeito,* aqui, é utilizado exclusivamente com seu sentido etimológico, de inacabado, ou ainda não feito. E é justamente esse o significado principal desse tempo verbal. Ele permite como nenhum outro transmitir a recorrência de hábitos antigos ou já transcorridos e também sua duração, além do fato de que esses hábitos não ocorrem mais. É por isso que o pretérito imperfeito contém traços melancólicos e é usado em narrativas com esse teor, marcadas pela memória. É um tempo próprio para uma escrita em que se exploram a subjetividade e a psicologia dos personagens.

Marcel Proust, em *À procura do tempo perdido,* explorou o que costumamos chamar de "memória involuntária", aquela provocada pela degustação da famosa madeleine, que faz o personagem subitamente recordar eventos havia muito esquecidos. Essas lembranças como que irrompem à revelia do sujeito, despertadas por alguma sensação ou algum objeto, em oposição àquele tipo de memória que nos esforçamos por evocar. Daí o pretérito imperfeito se conjugar tão bem com a memória involuntária: ela se associa à recordação de como as coisas *costumavam* acontecer e como não acontecem mais.

Em contraste com o pretérito imperfeito, o pretérito *perfeito* (cuja etimologia significa terminado, completo) imprime características bem diferentes ao texto literário. Se o primeiro confere ao texto, como dito, nostalgia, melancolia, duração e repetição, o segundo contribui para que a narração ganhe objetividade, momentos exatos e mais fixos, ação e dinâmica.

Se Marcel Proust é o autor da memória involuntária, das frases longas e de períodos extremamente subordinativos — em boa parte em função de seu uso do pretérito imperfeito —, Karl Ove Knausgård, o autor norueguês que já foi muitas vezes descrito como um Proust contemporâneo, relata, nos volumes de Minha Luta, suas memórias usando não tanto as ideias de duração e nostalgia, mas de factualidade, por meio de ações que começam e terminam. Penso que, por essa razão, a comparação com o autor francês é descabida. Embora haja traços semelhantes entre os dois, o uso dos tempos verbais os diferencia decisivamente. É claro que, como se trata de um livro colossal, de mais de 3500 páginas e que é, sobretudo, de memórias, o pretérito imperfeito é bastante comum na obra. Mas é a mistura dos dois tempos e a preponderância do pretérito perfeito que marcam a narração:

Após a refeição minha avó lavou a louça enquanto minha mãe ficou ao lado dela secando. Meu avô continuou sentado à mesa, lendo o jornal, enquanto meu pai se postou em frente à janela e ficou olhando para a rua. Depois minha avó entrou e perguntou se ele não queria acompanhá-la até o jardim, ela queria mostrar uma coisa.[4]

Em romances policiais, em que, ao lado da psicologia do detetive, narram-se as sequências de ações executadas pelos personagens na tentativa de desvendamento de um crime, o pretérito perfeito também é muito utilizado, como se vê, por exemplo, nos romances de Luiz Alfredo Garcia-Roza, um dos grandes autores policiais brasileiros. Em *O silêncio da chuva*, o narrador diz: "Entrou no carro, sentou-se à direção, colocou a pasta no banco ao lado e ficou algum tempo pensando nos últimos acontecimentos. A sensação era de paz".[5]

É quase impossível encontrar uma obra literária escrita com preponderância do pretérito mais-que-perfeito. Esse tempo verbal, dada sua especificidade (falar de um passado ocorrido antes de outro passado narrado), praticamente impede o fluxo contínuo de uma narração, embora, como sempre, nada seja impraticável em literatura. Entretanto, seu potencial expressivo é enorme. Em português, podemos optar por sua forma sintética ou com o uso do auxiliar. Na língua oral, em conversas cotidianas, formas como "falara, quisera, andara" sumiram do repertório. O mais comum é utilizarmos o auxiliar e falarmos "tinha falado, tinha andado, tinha desejado". Já na língua escrita, e mais especificamente na língua literária, o autor precisa decidir qual das duas formas deseja praticar. No caso de textos em que predominam a informalidade, a intimidade e a simplicidade (ou seja, na maioria dos livros contemporâneos), a forma mais praticada se vale do auxiliar, embora o uso tópico do mais-que-perfeito ajude a ressaltar com mais precisão e propriedade algumas ações particulares.

Já o tempo presente, em contraste com o passado, mais comum, confere aspectos bem específicos e diferentes à narração. Como se pode imaginar, sua principal atribuição é oferecer ao leitor a sensação de que aquilo que ele lê acontece no mesmo tempo da leitura ou então de que o próprio leitor passa a participar das cenas.

> Mirela olha ao redor, perdida na própria casa. Sente-se roubada e violentada por memórias em cada pedaço de chão. Desaba no sofá. Olha para cima, para os lados.[6]

> Mas, por enquanto, aqui estamos, Bia, e é com essa certeza de existir que seguimos sob a ordem dos dias.[7]

Nos dois exemplos acima, percebe-se de que forma o uso do tempo presente faz com que o leitor acompanhe a cena enquanto ela acontece, como se fosse descobrindo juntamente com o personagem o que está por vir, na iminência de suas descobertas. Esse tempo verbal não pressupõe "favas contadas", como ocorre com o passado, mas, de certa forma, insinua e prepara para o que se segue a cada parágrafo ou frase. Seu efeito é mais o de estabelecer certa suspensão e de colocar o leitor ao lado do personagem e das ações, aproximando-se de sua subjetividade e de suas decisões. Ele também é apropriado para que um personagem se dirija a outro ou mesmo ao próprio leitor, como é o caso de *Se um viajante numa noite de inverno*, de Italo Calvino, em que o narrador (que coincide com o autor) comanda os gestos e atitudes de quem lê o livro.

Um uso curioso do tempo presente, em português, ocorre quando nos referimos a acontecimentos no passado, mas transferimos os verbos para o presente, para assim transmitir maior intimidade e proximidade ao que se narra. "Eu estava na festa com os amigos, mas daí chega um e me pede para sair. Digo que não, que estou ali me divertindo, mas ele insiste."

Narrar é, principalmente, localizar ações no tempo, e o tempo, como se sabe, são muitas coisas. O escritor não pensa apenas em termos de passado, presente e futuro, mas em variações desses três tempos, além das transições entre eles, das entradas do passado no presente e no futuro; das entradas do futuro no presente e no passado; das inúmeras versões sobre as memórias, recentes e remotas. É preciso cuidar do tempo do sonho, das diferentes velocidades da passagem do tempo, das durações (psicológicas, subjetivas, afetivas), do tempo do durante, que é quando as coisas costumam acontecer. O tempo é tanto uma verdade cósmica, incompreensível e misteriosa, como uma sensação pessoal, tão íntima e variável quantas são as diferenças entre as pessoas. Prestar atenção na simultaneidade e capturá-la — enquanto estoura uma bomba no Japão, alguém rega as plantas na Dinamarca — é um dos grandes desafios do escritor, porque a simultaneidade contém as multiplicidades infinitas do real.

Outras decisões importantes, antes de escrever e enquanto se escreve uma obra literária, são a pontuação; o registro — informal ou formal; o tom — irônico, dramático, cômico, subjetivo e tantos outros (podendo-se combiná-los quase indefinidamente); o ritmo — frases mais longas ou mais curtas, parênteses, digressões, velocidade etc.; a recorrência de variantes linguísticas (sotaques, "erros" gramaticais); a forma de marcar os diálogos e a própria existência dos diálogos; e inúmeros outros detalhes e variações que surgem à medida que a obra vai sendo composta.

Essas decisões, entretanto, não devem assustar o escritor, a ponto de fazê-lo pensar que todas devem ser assumidas de forma totalmente consciente ou planejada. Grande parte delas é tomada durante a escrita do texto e, muitas vezes, sem que o próprio autor perceba. É no fluxo do trabalho que a consciência narrativa vai ganhando corpo e é, principalmente, no momento crucial da reescrita (ou reescritas) que vão se esclarecendo os rumos que queremos dar à obra.

Pode-se decidir, por exemplo, como Herta Müller fez em *Hunger*, retirar todos os pontos de interrogação. José Saramago enxerta seus diálogos em meio à narração, sem marcá-los com aspas ou travessões, e isso, sem dúvida, dá ao leitor uma sensação de falta de fôlego, bem relacionada à forma como seus romances são narrados. Quem é leitor de Virginia Woolf vai, sem dúvida, reconhecer as frases muito longas, muitas vezes tão intrincadas que fica até difícil compreendê-las numa primeira leitura. A extensão dessas frases tem a ver com o fluxo de consciência. Lourenço Mutarelli, autor de obras como *O cheiro do ralo* e *Natimorto*, optou por reproduzir a fala das ruas com suas características genuínas e informais, mantendo palavrões, variações linguísticas como "tó", "pra", "cê" e outras, o que, na sua escrita, confere extrema autenticidade à voz dos personagens, com a qualidade de não soarem falsos.

São todas opções que o escritor precisa fazer para gerar os efeitos desejados no texto e no leitor, mesmo que o leitor não se detenha sobre isso. De qualquer forma, ele acabará captando a "necessidade" de cada recurso utilizado. É essa presença necessária de cada elemento narrativo que faz com que o texto literário seja consistente, independente do quanto ele é tradicional ou experimental.

Repito: "Só é belo o que é necessariamente belo".

IDEIAS PRÁTICAS

- Escreva alguns parágrafos em que haja um "erro" gramatical intencional. Por exemplo: variar o gênero dos substantivos para questionar a determinação binária de gêneros ("o casa", "a lápis" etc.).
- Varie as marcações de diálogos de acordo com a atmosfera vigente. Por exemplo, para um diálogo muito rápido e tenso, retire todas as marcações, sem pular as linhas.
- Escreva um mesmo trecho em diferentes tempos

verbais e procure analisar as diversas compreensões que o texto gera com essas mudanças.

- Faça o mesmo com diferentes focos narrativos.
- Escreva um parágrafo e tente mudar o foco narrativo de forma fluente, por algum motivo que justifique essa mudança. Por exemplo, se ocorrer um processo de confusão mental, em que um personagem se mistura a outro.
- Realize alguma intervenção na pontuação de um texto, que seja justificada pelo tema da obra ou por sua linguagem. Por exemplo, escrever tudo em minúsculas, tirar as vírgulas ou pontos-finais.
- Escreva um texto "sem final", com um ponto cego ou uma questão não resolvida. Procure fazer com que o próprio texto justifique essa opção.

# Com a palavra: Eliana Alves Cruz

Quando começo o processo de escrita de uma obra, decido o foco narrativo, o tempo verbal e o tom que desejo dar à condução da história, mas à medida que vou escrevendo aparecem outras possibilidades e vou experimentando. Às vezes funciona, às vezes não.

Quanto a "erros" intencionais, geralmente os uso em falas, de acordo com os personagens, para torná-los mais críveis ou quando a escrita está na primeira pessoa, a depender da voz que narra. No romance *Água de barrela*, várias personagens falam em "pretuguês", expressões regionais etc.

Sou bastante racional na hora de pensar a linguagem. Na minha opinião, ela precisa servir à história. Precisa ser um elemento agregador. Um exemplo é *O crime do cais do Valongo*. São dois os narradores e eles são completamente diferentes um do outro. A linguagem precisa marcar essa diferença. Não é possível seguir o mesmo tom do início até o fim. A linguagem adotada é intencional. Tudo é proposital, pensado para dar os contornos das personalidades de Muana Lomué e Nuno Moutinho.

Acho importante sempre ter consciência do que se escreve e de como se escreve. Em textos literários ou cotidianos existe uma intencionalidade em cada frase, em cada expressão usada. No texto literário as opções semânticas e gramaticais impactam na compreensão do todo de uma forma poderosa; logo, devem ser bem pensadas.

Em *Nada digo de ti, que em ti não veja*, o narrador pode ousar mais porque está descolado da história. Ele é onisciente, mas tem um motivo muito especial para ser assim. Esta foi uma decisão crucial para que ele surpreenda o leitor.

# Princípio 4: Originalidade

O que é originalidade? Atualmente, esse conceito se relaciona sobretudo àquilo que é novo, exclusivo e diferente. Costumamos chamar de *original* algo inesperado ou nunca antes visto, ou alguém que tem ideias inéditas e criativas. A todo momento, a publicidade se vale desse adjetivo para enfatizar a qualidade de algum produto, como se bastasse ser novo para ser bom. Da mesma forma, atribuímos essa qualificação a pessoas que sobressaem por encontrar respostas únicas ou por criar coisas fora do padrão.

Entretanto, parecemos ter esquecido que *originalidade*, originalmente (ironia incluída), tem a ver com *origem*. E esta se localiza muito mais no passado do que no presente. Quando nos referimos à origem de alguma coisa, podemos estar falando tanto de sua procedência geográfica (isso veio de Minas Gerais) como de sua localização no tempo (um quadro do século XIX). Os significados de originalidade, tanto com o sentido de novidade como de procedência, são aparentemente tão opostos que fica até difícil compreender por que ambos são designados pela mesma palavra.

Creio que esse duplo significado — e vamos ver que não é tão duplo assim — se deve, principalmente, à ideia de exclusividade relacionada à originalidade. Quando se diz que um quadro, por exemplo, é original, queremos dizer que ele não é copiado ou reproduzido, mas que foi pintado pelo próprio pintor, ou seja, que tem *origem* comprovada. Essa noção de exclusividade, em sua evolução, carrega também as noções de singularidade e diferença. Daí à noção de novo não é um salto muito grande. A publicidade, os meios de comunicação e o mercado deram um empurrão e a originalidade parece ter criado independência em relação à acepção anterior.

Mas o mais importante para o artista e, no nosso caso, para o escritor é pensar sobre a originalidade do ponto de vista literário. Já houve tempos em que a originalidade não era uma qualidade necessariamente exigida dos artistas, pois saber "copiar" bem era tão ou mais importante do que criar coisas novas. Quem estudar o barroco brasileiro, por exemplo, período do qual Gregório de Matos é um dos poetas mais conhecidos e importantes, verá que tanto ele se esmerava em "copiar" poetas espanhóis do mesmo período quanto outros, aqui no Brasil, se esmeravam em copiá-lo. O trabalho é, tantas vezes, tão bem realizado, que fica difícil diferenciar o original da cópia e isso, na época, não era considerado crime ou plágio, mas antes índice de competência poética.

As coisas não são mais assim (já faz alguns séculos, na verdade) e agora criar algo que fuja aos padrões, que rompa com as expectativas ou que somente apresente algo novo é considerado uma qualidade primordial da obra literária. É claro que é sempre fundamental diferenciar a novidade pela novidade — gratuita e superficial — da novidade que realmente faz sentido. Milan Kundera, em *A arte do romance*, fala de uma "ética do novo". Segundo esse princípio, o autor é responsável por sempre buscar apresentar algo novo ao leitor, mas com o sentido de fazê-lo pensar seu mundo e sua realidade a partir de perspectivas ainda não conhecidas. Os temas literários são quase sempre os mesmos — amor, morte, ida e retorno. O que muda são justamente as formas de apresentá-los (como vimos no capítulo 1) e essas são, a bem dizer, infinitas. Cabe aos escritores encontrar modos de dizer que coincidam com o que está sendo dito, para que o leitor possa se sentir íntimo, próximo, crítico do que lê, espantado com o que tem em mãos. De acordo com essa ética, o escritor é responsável por criar uma linguagem e um estilo que permitam ao leitor reacomodar suas convicções habituais.

Mas se a originalidade se relaciona tanto ao presente quanto ao futuro e ao passado, como fazer para adquiri-la e expressá-la? Se praticamente tudo já foi dito, depois de pelo menos 3 mil anos de literatura ocidental, e das mais variadas formas, como expressar algo exclusivo, diferente e novo?

Creio que a questão importante, aqui, é repensar a ideia de novo e considerar que, para que seja possível criar o novo, é essencial recorrer ao passado, às origens. E quando falamos de origem nesse sentido, ela se refere a vários passados distintos: o passado histórico, o passado bibliográfico, o passado de um bairro, de uma rua, de uma família e, finalmente, de uma pessoa. O novo faz muito mais sentido e se apresenta de forma muito mais consistente e, se quisermos, *ética*, quando lastreado pela *origem* a ele relacionada. As chances de duração dessa novidade são muito maiores, já que, nesse caso, ela não se apresenta simplesmente pela diferença, mas também pela necessidade e pela densidade.

Como exemplo, podemos pensar na obra de Guimarães Rosa. Muitos dizem que o autor criou praticamente uma nova língua, com seus conhecidos neologismos, seu uso de expressões do sertão mineiro, sua combinação de sotaques do Brasil profundo com línguas estrangeiras modernas e antigas, a atribuição de falas cultas a personagens de origem humilde, sua aplicação de formas épicas antigas a eventos do interior do país. Nada disso é gratuito. O conhecimento que o autor tinha de mais de uma dezena de línguas, seu repertório de leituras (em sua biblioteca figuravam livros de ocultismo, numerologia, astrologia e misticismos variados), sua vida como médico no interior de Minas Gerais, sua atuação como diplomata na Alemanha durante o período da Segunda Guerra Mundial: tudo entrou no caldeirão de sua literatura. É claro que não bastaria que qualquer outra pessoa passasse pelas mesmas experiências para escrever como ele. Mas a questão a ressaltar aqui é que a originalidade do autor não é meramente resultado de escolhas novidadescas ou de rupturas superficiais. Percebe-se, em cada aspecto de sua obra, a história a ele ligada. É a combinação, individual e exclusiva, do passado com o presente do escritor que cria sua originalidade.

Se o exemplo de Guimarães Rosa pode soar extraordinário, dada sua genialidade, pode-se recorrer a outros autores que, cada um com suas características, também são reconhecidos por sua originalidade. Mário de Andrade e o seu *Macunaíma*, que mistura passado e presente, Amazonas e São Paulo; Manuel Bandeira e a forma como sua doença penetrou em sua mistura de humor e melancolia; Elvira Vigna e seu histórico de vivência in loco dos ambientes sobre os quais escreve; José Falero e sua experiência como morador de uma favela em Porto Alegre, que se tornou componente importante de sua obra; Julio Cortázar e seu trabalho como escritor e tradutor, ajudando a compreender as muitas duplicidades em seus livros e tantos outros, cada um com aspectos diferentes e inumeráveis.

Entretanto, esses exemplos todos não querem dizer, de forma alguma, que é preciso conhecer a biografia dos autores para explicar sua originalidade. Nem a biografia, por si só, é suficiente para que a obra seja original, nem é necessário ou possível *explicar* o estilo de uma escrita através dela. O que de fato importa é que cada escritor considere a influência e a história de todos os seus passados e sempre reflita sobre como essas *origens* podem se combinar a suas expectativas e desejos mais atuais. As leituras que realizamos e tudo o que escrevemos no passado, além das notícias cotidianas, das conversas e das circunstâncias em que vivemos, tudo opera num jogo permanente de influências mais ou menos conscientes e que, de uma forma ou de outra, aparecem em nossas escolhas estilísticas. O fundamental, nas decisões que tomamos para escrever, é conhecer ao máximo esses agentes internos e externos que se processam na mente e no corpo, para poder combiná-los, equilibrá-los e temperá-los de forma original.

Um escritor qualquer nasceu num bairro de classe média de uma grande cidade. Lá, durante sua infância, conviveu com imigrantes judeus que tinham se mudado para o bairro décadas antes e aprendeu algumas palavras de iídiche e de hebraico, além de alguns hábitos judaicos. Sua família era católica praticante, frequentava a igreja, e, durante a adolescência, ele passou a questionar sua fé. Em casa, gostava de ler revistas em quadrinhos, histórias de super-heróis, mas também os clássicos que encontrava na biblioteca de seus pais, além de trechos da Bíblia nas aulas de catecismo. Passava as férias numa cidade do interior, onde ouvia sotaques diferentes, comia outras comidas e brincava com crianças que tinham outros hábitos. O homem pisava na Lua pela primeira vez, havia a ameaça de uma bomba atômica e seus pais o alertavam sobre os perigos do comunismo. No país havia uma ditadura da qual não se dava conta. Durante a juventude, nosso escritor se revoltou, brigou com a família, entrou para o Partido Comunista, frequentou protestos e passeatas, chegou a ser preso, e suas leituras giravam em torno de filosofia, psicologia e política. Suas escolhas literárias recaíram sobre autores hispano-americanos e brasileiros das décadas de 1920 e 1930, e poesia nacional. Frequentou a faculdade de jornalismo, mas desistiu, entrou para a publicidade e acabou ganhando fama e dinheiro. Anos mais tarde, frustrou-se com a carreira e com suas escolhas, abandonou tudo e começou a escrever mais disciplinadamente, o que fazia havia já muitos anos, mas sem determinação.

Poderíamos seguir indefinidamente, mas o importante, aqui, é a descrição comum de um escritor qualquer e de parte de sua história. Essa pessoa tem vários tipos de passado distintos em sua memória — geográficos, familiares, literários, profissionais, históricos, circunstanciais, religiosos — e também diversos tipos de expectativas e desejos em relação ao seu presente e ao futuro, assim como cada um de nós.

É essa combinação de catecismo, sotaque judaico, sotaque do interior, histórias em quadrinhos, Mario Vargas Llosa, Carlos Drummond de Andrade, ameaça nuclear e, ao mesmo tempo, crítica ao carreirismo e à reificação do mercado, além de, por exemplo, a pandemia de 2020-1 e muitas outras variáveis, o que vai possibilitar a esse escritor criar um repertório estilístico exclusivo e, portanto, *original*. Não há como querer criar algo que parta do nada ou que vá apresentar novidades extremas ou nunca antes sonhadas. Não deve ser esse o objetivo de nenhum escritor. O que se deve buscar é a aquisição de uma *linguagem própria*. Penso que essa é uma das principais buscas de um escritor. E ela nunca cessa, pois a literatura é uma dinâmica processual e infinda, assim como nossa história e a história contextual.

Mesmo o passado é algo que estamos constantemente refazendo; ou, como diria Waly Salomão: "a memória é uma ilha de edição". Quanto mais escrevemos, quanto mais mudamos, mais alteramos nossas lembranças e a compreensão da nossa história e da história das circunstâncias que a definem. Também requalificamos as perspectivas que temos do presente e do futuro de acordo com as reflexões sobre a história, as influências e os textos que vamos escrevendo. Tudo se retroalimenta, num processo cuja consciência contribui sempre para que nossa linguagem se modifique. Mesmo assim, restam marcas de cada escritor, constantes formais e temáticas, por meio das quais as leitoras o reconhecem, mas que vão se deslocando ligeiramente, de forma a manter o aspecto de originalidade de sua autoria.

Ou seja, para que uma obra seja original, não é preciso ser radical ou revolucionar formas consagradas, embora isso também possa acontecer. Muitas vezes, pequenos detalhes, deslocamentos ou "deloucamentos", como dizia Modesto Carone, são suficientes para abrir a obra a diversas leituras e interpretações e para que os leitores se espantem e, a partir disso, reconheçam as diferentes perspectivas que o livro oferece, seja no nível estilístico, no nível existencial, ou, preferivelmente, em ambos.

Muitas vezes, bastam pequenas quebras de previsibilidade para que outros aspectos se reorganizem e o leitor perceba uma perturbação, uma diferença. Algo que ele reconhece como original.

Clarice Lispector é uma autora extremamente original. Vejamos, a seguir, alguns aspectos de sua linguagem que contribuem para essa qualidade sem serem necessariamente "radicais". No conto "Tentação", por exemplo, uma menina ruiva está com soluço às duas horas da tarde, sentada numa rua num bairro de classe média do Rio, e, casualmente, se encontra com sua cara-metade no mundo, um cão basset. Ruivo e solitário como ela. Eles se olham, se reconhecem como metades complementares, ainda que não possam ser um do outro: "Mas ambos eram comprometidos. Ela, com sua infância impossível, o centro da inocência que só se abriria quando ela fosse uma mulher. Ele, com sua natureza aprisionada".[1]

Nesse conto, encontramos algumas constantes típicas da linguagem literária da autora. "Sentada nos degraus da sua casa, ela suportava."[2] Geralmente, usa-se o verbo "suportar" como transitivo direto: quem suporta suporta alguma coisa. Mas Clarice escolhe, muitas vezes, tornar intransitivos os verbos transitivos, suprimindo possíveis objetos. Isso faz com que seus personagens e suas ações ressoem no vazio e que o verbo ganhe em peso e amplitude. Se a menina "suportava", a impressão é a de que não suportava somente alguma coisa, mas o mundo inteiro e sua solidão generalizada.

"A possibilidade de comunicação surgiu no ângulo quente da esquina [...]."[3] Eis outra característica singular do estilo da autora: a reunião inusual de substantivos e adjetivos. "Ângulo quente" é uma combinação bem pouco previsível, mas que, no contexto geral da linguagem do conto, faz todo sentido. Buscar adjetivos e advérbios incomuns para qualificar substantivos e verbos, gerando um estranhamento significativo, é um recurso original de Clarice, mas que pode ser utilizado por outros autores, com outras finalidades e sentidos.

"Lá vinha ele trotando, à frente de sua dona, arrastando seu comprimento. Desprevenido, acostumado, cachorro."[4] Nesta última frase, sem verbos, há dois adjetivos seguidos de um substantivo. Quando se esperaria um outro adjetivo, a quebra de expectativas, com o substantivo "cachorro", faz com que também ele adquira um sentido adjetivo, como se "cachorro" fosse um qualificativo e não um estado. Essa requalificação morfológica das palavras faz com que toda a leitura do conto se reacomode num nível diferente de compreensão semântica e estilística, criando a atmosfera típica da linguagem clariciana.

No conto "Maria", de Conceição Evaristo, uma mulher que trabalha como empregada doméstica está parada no ponto de ônibus, ansiosa para chegar em casa e ver os filhos, pois está levando restos de comida de uma festa dada na casa onde trabalha, além de uma boa gorjeta que recebeu. "Precisava comprar xarope e aquele remedinho de desentupir o nariz."[5] O conto, como se vê, é narrado em terceira pessoa. Entretanto, o uso do termo "remedinho" dá a sensação de que é a própria personagem que está falando ou pensando e não o narrador. A frase começa em terceira pessoa, mas o termo no diminutivo faz pensar que ela passou para a primeira. É o conhecido discurso indireto livre, aqui usado de forma tênue, mas sugestiva dessa transição e do quanto a narradora se identifica com a personagem. O discurso indireto livre é uma prática que, embora sutil, gera efeitos importantes no discurso. Saber usá-lo é sempre uma forma original de expressão.

"As frutas estavam ótimas e havia melão. As crianças nunca tinham comido melão. Será que os meninos gostavam de melão?"[6] Numa análise mais superficial, alguém poderia alegar que não é aconselhável repetir a mesma palavra três vezes seguidas, como é o caso de "melão" nesse exemplo. Entretanto, percebe-se a necessidade da repetição. A fruta, para essa personagem e seus filhos, é tão rara que é como se a mulher (de novo em discurso indireto livre) precisasse insistir na palavra para acreditar que as crianças realmente iriam prová-la. Repito que esse não é um recurso novo nem incomum na literatura, mas seu uso invariavelmente causa um efeito de ênfase que, mais tarde, vai se transformar em compaixão pelo que acontece com a personagem.

O romance *Hotel mundo*, de Ali Smith, se inicia com um grito:

Uuuuuuu-

-huuuuu que queda que voo que salto que tombo nas trevas na luz que mergulho que lugada baque impacto que altura que loucura que manobra que pavor e que gaita sem foles sem fôlego que estrondo estrago quebrada e rasgada que coração na minha boca que fim.

Que vida.

Que tempo.

O que eu senti. Ali. Foi.

A história é esta; começa pelo fim.[7]

Nessas poucas linhas, podemos identificar vários efeitos imprevisíveis que, no contexto geral do livro, podem ser qualificados como originais. O próprio fato de a narração começar com um grito solto no ar (ou na linha), seguido de um grito semelhante, mas não idêntico (Uuuuuu e -huuuuu), já causa espanto e interesse, fisgando o leitor. Em seguida, acompanhamos os termos se seguirem sem vírgulas, como se a queda descrita se tornasse ainda mais vertiginosa pela falta delas. A sequência "nas trevas na luz", ressaltando o paradoxo, dá conta dessa vertigem caótica e sem forma, que pode soar boa e má simultaneamente. Em seguida, e aqui também deve ser enfatizada a excelente tradução, as aliterações "que altura, que loucura", "sem foles sem fôlego" e "que estrondo estrago estralo" imitam os sons que a queda deve ter provocado. Finalmente, a sequência de cinco frases curtas, isoladas sem parágrafos ou pontos-finais, coloca em relevo o sentido do que dizem: a intensidade da vida e da experiência vivida em algum passado distante que, intui-se, será contado no romance.

Recursos formais como os discutidos acima procuram reproduzir aquilo que narram, emprestando significado a cada experimentação ou quebra na previsibilidade narrativa. Por isso, e não somente pelo fato de escaparem ao padrão comum, eles podem ser chamados de recursos originais.

Como exemplificação de um estilo que, claramente, combina influências antigas com a invenção de uma nova abordagem narrativa, temos Machado de Assis. Sua trajetória como romancista é conhecida, mas ainda surpreende a mudança radical pela qual sua obra passou quando o autor completou quarenta anos e compôs *Memórias póstumas de Brás Cubas*, um dos livros mais originais da nossa literatura até hoje. Entretanto, mesmo com a revolução que se operou em sua obra, é possível reconhecer, tanto nos romances como nos contos, de que forma seu trabalho anterior serviu como fonte para os romances posteriores.

Quase como se tivessem sido uma escola tradicional, de onde se pode partir para saltos maiores, as leituras do autor, como Shakespeare, Schopenhauer, Swift e outros, comparecem com frequência em seus textos, mostrando que seu passado de leituras determina sua visão de mundo e os recursos que escolhe utilizar. Percebe-se claramente, também, a importância de um livro como *A vida e as opiniões do cavalheiro Tristram Shandy*, de Laurence Sterne, em vários dos recursos ali utilizados. Nada disso, entretanto, faz com que Machado de Assis perca sua originalidade, que, aliás, se mantém até hoje, mesmo com todas as experimentações e radicalismos ocorridos ao longo dos séculos xx e xxi. É a coerência e a substância do que se experimenta que garantem sua duração.

Da mesma forma, na obra de um autor mais contemporâneo como Daniel Galera, percebe-se a influência, por um lado, de jogos de video game e, por outro, de um autor americano como David Foster Wallace. Parecem influências algo distantes entre si, mas é justamente essa aparente disparidade e a possibilidade de reuni-las em um mesmo texto que fazem com que uma assinatura literária se torne perceptível.

Como já mencionado no capítulo 1, a originalidade se opõe frontalmente ao lugar-comum. E é somente a consciência narrativa, como visto no capítulo 3, que permite que o autor tome consciência dos lugares-comuns em que incorre de forma mais ou menos automática. Ao escrever, tomados que somos pela velocidade e pela fluência do próprio gesto da escrita, não nos damos conta de todos os recursos que utilizamos, o que faz parte do processo. No momento da releitura e da reescrita, entretanto, com atenção redobrada, percebemos como, imperceptivelmente, "escapam" lugares-comuns, automatismos, estruturas e formulações sedimentadas no imaginário e no subconsciente. É preciso, nesse momento, optar por cortá-los ou substituí-los por formas mais conscientes e originais. Como dito antes, o lugar-comum é, em grande medida, resultado do hábito — de escuta, de leituras, de conversas — e a literatura é justamente uma força contrária ao hábito, que busca reinventar nossa maneira de dizer e pensar o mundo.

Quando falamos de originalidade, é impossível não pensar em Guimarães Rosa, que fez críticas quase explícitas ao lugar-comum, recorrendo a expressões que o desafiam: "incerta feita", "vapor na cabeça", "gestilongado", "ibibibidem", "pêssega"; são tantas que existe até um dicionário para enumerá-las.[8] "Incerta feita" é usado para substituir a conhecida expressão "certa feita", que usamos para designar algo que ocorreu em algum tempo indeterminado. Mas se o tempo é indeterminado, por que usamos a palavra "certa"? O autor, crítico do lugar-comum usado impensadamente, interfere no automatismo e o subverte, alterando o termo "certa" para o mais lógico "incerta". E assim, "vapor na cabeça" substitui a expressão mais comum "cabeça pegando fogo"; "gestilongado" ocupa o lugar do aborrecido "longo gesto"; "ibibibidem" substitui "idem ibidem", que usamos irrefletidamente, e "pêssega" entra no lugar da ultraconhecida e já esvaziada "pele de pêssego". Ao realizar essas substituições, Rosa não só encontra formas mais originais de se referir ao que narra, mas também questiona sutilmente o recurso a formulações engessadas e banalizadas pelo excesso. Quem lê, ao deparar com essas mudanças, faz uma pausa e reflete sobre o significado do que ouve pela primeira vez. É o efeito inaugural que a literatura exerce sobre o leitor, fazendo com que ele "descubra" ou "redescubra" a própria língua, dando-se conta dos significados e da beleza das possibilidades que ela oferece.

Existem vários automatismos, aliás, dos quais mal nos damos conta e que são completamente plausíveis na língua oral, mas não na literária, que deve justamente chamar a atenção do leitor para as potencialidades linguísticas. As inversões de adjetivos e substantivos, por exemplo, são muito presentes quando se passa da língua oral para a língua escrita e isso, acredito, em função de uma herança parnasiana na educação brasileira e também porque a língua escrita, no país, ainda é considerada um registro mais formal do que a oral.

Assim, é frequente lermos "longa noite de inverno", "foi uma verdadeira caçada", "uma linda e talentosa artista". Na maioria das vezes, utilizamos essas inversões sem pensar; elas "saem" porque estão incorporadas à imaginação literária. Mas — e repito —, no momento da reescrita, é importante verificá-las todas e refletir sobre sua necessidade. Não seria mais interessante colocar o adjetivo depois do substantivo? Será que a frase não ganharia em concretude e atualidade? Será que a inversão não foi utilizada casualmente?

São perguntas que um escritor deve se fazer em relação a vários outros recursos: a pontuação utilizada nos diálogos; a descrição da paisagem; o uso de adjetivos generalistas ou comuns demais, como "bonito", "interessante", "agradável", "ruim"; o uso excessivo de verbos; o uso de rubricas como "ele disse", "ela retrucou", "ele exclamou"; a repetição de frases curtas para efeitos dramáticos; as redundâncias, como "soprava uma brisa leve"; as palavras e expressões anacrônicas demais, como "outrora", "de súbito", o uso de mesóclises; marcações temporais muito explícitas e fáceis, como "na manhã seguinte", "depois de cinco anos", "algumas horas mais tarde"; divisão excessivamente sequencial das ações; e inúmeros outros recursos nos quais se deve prestar atenção.

Além da desautomatização que a originalidade provoca, de seu efeito inaugural, da possibilidade de ela particularizar o estilo do autor e de propiciar a experimentação da língua como forma infinita de expressão, ela também faz com que eventos conhecidos adquiram perspectivas inexploradas. Isso possibilita que esses mesmos eventos sejam interpretados sob novas lentes, enriquecendo e complexificando sua compreensão.

Por exemplo, no caso hiperexposto dos atentados do Onze de Setembro, tão abordado por tantas mídias diferentes, fica até difícil imaginar como é possível ainda pensar a respeito de forma original. Don DeLillo, entretanto, assumiu a perspectiva de um sobrevivente do atentado que, ao descer correndo as escadarias do prédio em meio ao incêndio, encontra uma pasta largada em um dos andares e a agarra num impulso. Depois de chegar em casa, são e salvo, mas evidentemente traumatizado, ele decide tentar encontrar o dono daquela pasta e o romance narra essa busca e suas consequências psicológicas, políticas, amorosas e existenciais. É a mudança de perspectiva, particularizada e concretizada numa experiência pessoal, que vai fazer com que o leitor possa sentir na pele os efeitos dessa vivência terrível e pensar melhor sobre o acontecimento.

Essa particularização radical dos eventos também é palpável no último romance da quadrilogia das estações da escocesa Ali Smith, *Verão*. Em meio à pandemia da covid-19 e às crises ecológicas por que passamos, o leitor acompanha a história de dois irmãos muito diferentes entre si e suas relações com o tempo cronológico, histórico e subjetivo. Não há, no romance, críticas explícitas à condução da pandemia pelo governo inglês, tampouco às políticas relacionadas ao aquecimento global. Mas é inevitável que o leitor termine esse livro com questionamentos muito mais profundos sobre os dois temas.

Há tempos a originalidade se tornou uma busca essencial no trabalho de todo artista, seja de que área for. O mais importante, contudo, não é atingi-la a qualquer preço, mas ser tido como um autor original porque sua obra reflete um processo constante de autocrítica, de renovação consciente, de experimentação necessária. A originalidade literária deve ser fruto de um trabalho orgânico, em que a novidade não é gratuita nem produto de modismos, mas uma forma inaugural de conceber a língua e seus significados. Uma novidade que reúne passado e presente, imitação e transformação, experimentação e risco e que propicia novas maneiras de refletir sobre o real e a vida: literatura.

IDEIAS PRÁTICAS

- Faça uma lista com suas principais influências de leitura, desde autores consagrados até revistas, quadrinhos, publicidade etc. Escolha três delas, bem diferentes entre si, e escreva um texto que utilize recursos narrativos de cada uma.

- Faça listas elencando suas principais influências históricas, familiares, de amizades, de bairro, de sotaques, religiosas, políticas etc. A partir delas, faça cruzamentos insólitos e procure escrever parágrafos que combinem essas influências de forma inesperada.

- Reescreva alguma história conhecida, adotando um ponto de vista não explorado na narração. Por exemplo, narre a Branca de Neve do ponto de vista da bruxa. Mas atenção, o objetivo não é reproduzir a história, apenas alterando a perspectiva, mas recontá-la de forma diferente.

- Releia textos seus e sublinhe recursos que considerar lugares-comuns. Em seguida, tente renová-los, substituindo-os ou alterando-os.

- Faça uma lista de expressões e recursos que você considera automatismos da língua e pense em como poderia transformar alguns deles.

- Leia a canção "Bom conselho", de Chico Buarque de Holanda, veja de que forma ele alterou ditados do português e faça o mesmo com outros ditados conhecidos.

- Escolha um livro que considera original e marque

os recursos utilizados pelo autor que atestam essa originalidade. Procure justificar, para você mesmo, as motivações para o uso desses recursos.

# Com a palavra: Carol Bensimon

Assim, instintivamente, sem pensar muito na exatidão dos termos, eu diria que uma obra original é aquela que parece fresca, surpreendente, que corre riscos — porque toma caminhos não óbvios — e que carrega uma marca autoral forte. E a originalidade tanto pode estar no que é contado quanto na maneira como é contado. Na maior parte das vezes, está em ambos os níveis.

Engraçado, eu nunca tinha pensado na origem da palavra "originalidade", mas faz todo o sentido tomá-la mais como passado do que como futuro. Uma criação é sempre uma espécie de recombinação de elementos. Você nunca cria algo totalmente novo e, se criasse, essa obra não tocaria ninguém, não conseguiria ser decifrada. Há muitos tipos de casa, mas todas têm ao menos uma porta, paredes, um teto. O mesmo vale para uma obra literária. Subverter, fazer algo experimental, nunca significa quebrar todas as regras, e até os romances considerados mais indecifráveis e malucos — *Ulysses* é um exemplo claro — estão dialogando fortemente com a tradição.

Quando você é um autor em formação, vai aprendendo com os autores e autoras do passado e com os autores e autoras do presente. Na verdade, você passa a vida aprendendo, vai tirando lições às vezes muito específicas — "esse cara faz cenas vivíssimas" (Richard Yates), "essa mulher é a rainha da sutileza" (Alice Munro), "aqui está uma autora engraçada e melancólica" (Lucia Berlin) — e tenta entender como eles todos fizeram isso. E algumas coisas você incorpora, do seu jeito. Você cria esse jeito aos poucos, essa voz, e ela vai se fortalecendo, inclusive em cima das suas próprias limitações. Por exemplo, eu sou ruim para descrever a aparência física das personagens, mas boa para descrever o espaço, então as leitoras vão ver pouco queixo e nariz nos meus romances, mas muita árvore e mobília.

Enfim, acho que a originalidade nasce de limitações e obsessões. Talvez esse seja um jeito possível de pensar. Você rejeita umas coisas — porque não sabe fazer ou porque não quer fazer — e desenvolve outras. E isso se aplica a todos os níveis da obra, da escolha lexical — há palavras que eu jamais usaria e outras que adoro usar — a cenas recorrentes (meus protagonistas sempre têm, em determinado momento, uma conversa significativa pelo telefone com o pai ou a mãe).

Acho as obras da Ali Smith originalíssimas. São todas muito esquisitas. A figura da criança-prodígio é recorrente — uma marca da autora —, e as cenas parecem sempre estar quase soltando a corda do realismo. Elvira Vigna também é sensacional, o humor ácido, o ritmo da narrativa, as observações sempre muito pontuais. Impossível não reconhecer o texto dela. Cormac McCarthy: uma mistura inigualável, cenários e personagens brutais descritos em uma linguagem cuja beleza é deslocada, barroca, quase artificial.

A originalidade está também nos detalhes. No nível da prosa, pode estar na adjetivação, na estrutura da frase, na sequência de frases que se cria. No nível da história, pode estar em um comentário corriqueiro que uma personagem faz.

No início da carreira, acho que sofri da tal "angústia da influência", porque o início da vida de escritora se confunde um pouco com o início da vida de leitora — ou de leitora "madura", por assim dizer —, e, nessa fase, cada obra que lemos e que nos arrebata parece estar dizendo: "É assim que se deve escrever". Senti isso quando eu tinha dezoito, vinte anos, com alguns autores, como Caio Fernando Abreu, Julio Cortázar, Mercè Rodoreda.

Depois, a impressão que tenho é de que, à medida que as leituras vão se acumulando, o peso de cada influência também se dilui. Sem contar que, no fim das contas, é impossível imitar alguém. Tentar imitar já é criar outra coisa.

Enfim, no caminho, acabamos descobrindo um estilo, uma voz, como se queira chamar. Nosso jeito específico de contar uma história. Então a armadilha passa a ser não mais os outros, mas sim nós mesmos: a dificuldade é não se repetir, tentar ser original dentro desse universo que fomos construindo.

# Princípio 5: Estranhamento

O escritor é um ser estranho. O leitor, também.

A literatura é uma prática estranha.

Etimologicamente, "estranho" deriva do latim, *extranu*: aquele que vem de fora, o estrangeiro. No grego equivale a *alien*, de onde derivam palavras como "alienado" (ou "louco", no século XIX) e "alienígena". A compreensão de estranho como "esquisito" é mais recente e resulta da associação quase inevitável entre aqueles que não pertencem a um determinado grupo e pessoas com algum tipo de distúrbio. A reação mais imediata ao surgimento de qualquer coisa alheia a um grupo já formado é de defesa e rejeição, daí essa acepção da palavra.

Em placas como "proibida a entrada de estranhos", que lemos em alguns condomínios, ou "compro seu carro, mesmo alienado", há uma maior proximidade ao sentido original de "aquele que vem de fora".

Mas de que forma os componentes dessa tríade — escritor, obra e leitor — podem ser chamados de "estranhos", e por que o estranhamento é fundamental para quem quer escrever?

Nossa sociedade — urbana, burguesa e ocidental — privilegia sobremaneira a padronização, a profissionalização e o dever, qualidades um tanto avessas às práticas ficcionais. Isso não quer dizer que um escritor não utilize padrões ou não deva se profissionalizar — ao contrário —, mas que, em meio aos recursos e valores da literatura, essas qualidades não estão entre as principais. A escrita literária de qualidade é, antes de tudo, um ofício em que concorrem categorias tão distintas quanto a liberdade, a confusão, a escolha autônoma de disciplina e a necessidade de aprofundamento, solidão e originalidade, valores *estranhos* a padrões preestabelecidos. Em segundo lugar, enquanto a maior parte das práticas cotidianas e habituais remete a uma finalidade — sempre visando a um objetivo —, a prática da escrita ficcional se permite perder-se e procura também uma integração com o momento mesmo da escrita. Sei que falo, aqui, de um escritor ou escritora talvez ideal, já que a maioria dos escritores, especialmente no Brasil, precisa se preocupar também em sobreviver e, por isso, tem prazos, preocupações inevitáveis com o mercado, além de ser obrigado a assumir outros compromissos relacionados à literatura, como ensino, palestras, artigos em jornais e revistas e participação em feiras literárias. Mas, de forma geral, o trabalho da escrita propriamente dita não costuma obedecer a regras e limites utilitaristas.

Por essas e outras razões, o escritor é, muitas vezes, considerado um indivíduo à margem das convenções, cuja profissão não se encaixa em padrões previsíveis. O próprio escritor, por sua vez, também não se sente totalmente integrado às convenções costumeiras e, não raro, coloca-se diante delas de forma oblíqua, já que seu trabalho exige observação, escuta e atenção flutuante.

O estranhamento é tanto consequência como causa do ofício da escrita literária. Escrever exige estranhamento e provoca estranhamento. Um escritor geralmente questiona as formas como as coisas se manifestam, sente necessidade de interpretar palavras e sentidos, mas, sobretudo, o escritor é aquele que se espanta com as coisas, desde as mais triviais às mais extraordinárias. Ele dificilmente permite que as coisas se banalizem, já que quase tudo é matéria de escrita para ele.

Assim, é evidente que também a escrita literária resultará *estranha*. Como já dito, essa linguagem escapa às outras formas de comunicação: por intermédio dela, meios e fins tendem a coincidir mais. Afinal, a linguagem não é usada apenas para comunicar, mas também para nos permitir experimentar prazer e beleza expressiva. Combinações inesperadas, metáforas originais, uso frequente de imagens, a intrusão do fantástico, recursos imprevisíveis de linguagem, metamorfoses, detalhes — são inúmeros os instrumentos literários que podem gerar estranhamento no leitor. Ler literatura é também estranhar a própria língua e senti-la sendo usada de formas diferentes, que aguçam nossa percepção sensorial e intelectual. Se não ocorre estranhamento na experiência da leitura, tampouco haverá a desejada transformação do leitor pelo texto literário. É preciso que haja deslocamento para que a experiência literária seja proveitosa.

E a leitora, por sua vez, se integrada ao que lê, também passa, necessariamente, a viver um pouco mais à margem. Ela mesma se torna uma *estranha*, passando a pensar e a enxergar a realidade de uma forma nova e oblíqua, deslocada. A atitude de estranhamento é uma atitude de inquirição: quem sou eu? Quem é o outro? Como posso me expressar e de que forma as palavras são capazes de dizer o indizível? As três partes dessa tríade — escritor, obra e leitor — assumem uma postura questionadora em relação a si mesmas e ao mundo, dificilmente aceitando as coisas como são.

Para escrever literatura é preciso observar e respeitar o outro. Uso esse termo, "outro", como generalização de tudo aquilo que faz limite com o "eu" e que se diferencia dele. Existe o mito de que a literatura é expressão do eu, derivado principalmente do romantismo, que tanto valorizava essas entidades abstratas: a subjetividade e os sentimentos. Mas há muito tempo essa visão se diluiu; na literatura moderna e contemporânea é mais importante conhecer aquilo que está fora do eu — o outro — do que buscar expressar a verdade de si mesmo. O escritor se desdobra em muitas pessoas, muito diferentes dele, e, por isso, precisa dedicar-se a conhecê-las. Na literatura, no lugar da famosa frase "conhece-te a ti mesmo", o mais interessante seria dizer "conhece-te ao outro". É pelo aprendizado do pensamento e das vozes dos outros que se criam personagens genuínos e verossímeis, capazes de convencer o leitor de sua presença viva. E mais: é também pela criação genuína de vozes diferentes do eu que se passa a conhecer melhor a própria individualidade e, mais importante, o próprio estilo.

Em outras palavras, o escritor é alguém que deve ser capaz de "outrar-se" o máximo possível, e, para efeitos literários, penso que escrever sobre pessoas bem diferentes de si é mais criativo do que escrever sobre si mesmo. O exercício de aprofundar-se na vida e nos hábitos de pessoas diferentes do *eu* também é uma prática de estranhamento, pois trata-se do trabalho de experimentar ser diferente de si, de deslocar-se do eu e, assim, passar a estranhar-se, como se fosse possível olhar para si mesmo como alguém desconhecido. O escritor, entre outras coisas, é alguém que reconhece, nas palavras e nas coisas, um efeito inaugural, como se as estivesse vendo pela primeira vez, e isso não é possível sem estranhamento.

Autores tão consagrados na literatura brasileira como Clarice Lispector e Guimarães Rosa escreveram livros como *A legião estrangeira* e *Primeiras estórias*, respectivamente, obras em que todos os personagens centrais possuem alguma forma de estranhamento: loucos, velhos, crianças, ladrões, adolescentes inconformados, pessoas que escapam aos padrões tidos convencionalmente como normais. Aliás, no próprio título do livro *Legião estrangeira* há uma espécie de trocadilho, relacionando a conhecida Legião Estrangeira de soldados à legião de pessoas estrangeiras (estranhas) a habitar o mundo, tentando encontrar seu lugar.

Acontece que todo esse estranhamento na criação de personagens e situações não pode ser percebido se não houver estranhamento também na linguagem que os compõe. Não basta explorar a loucura, por exemplo, se não houver também uma linguagem "louca". Em *Primeiras estórias*, por exemplo, no conto "Soroco, sua mãe, sua filha", que trata de duas personagens loucas e de Soroco, pai e marido delas, a cidade inteira, após escutá-las cantando uma canção sem sentido, principia a cantá-la em coro, sem um motivo claro. O conto não explica nada ao leitor, mas deixa-o em suspenso, perguntando-se por que todos acompanham Soroco no canto sem nexo. Será que todos enlouqueceram? Será que as duas não eram realmente loucas? Tudo fica em aberto. Como já exemplificado, a linguagem inventada por Guimarães Rosa é uma espécie de regência da leitura, a começar pela pontuação "estranha", com muito mais vírgulas do que estamos habituados a ler. É uma leitura feita de pausas e tropeços e não de fluência, contrariando tudo o que dizem os manuais da escrita eficiente.

Além disso, muitas vezes, as estórias do autor fazem questão de criar um ponto cego, uma pergunta que vai permanecer na cabeça do leitor, sem resposta clara possível. O componente mágico e místico de suas narrativas, aliás, "pede" que algum segredo seja mantido no ar, e é exatamente isso o que faz sua linguagem, escondendo códigos, subtextos e entrelinhas. Num nome próprio como "Moimeichego", por exemplo, da novela "Cara de Bronze", se lermos com atenção redobrada, perceberemos que se trata de uma junção do pronome "eu" em várias línguas diferentes: *moi, me, ich* e *ego* — em francês, inglês, alemão e grego, respectivamente.

Como já foi dito, Valter Hugo Mãe escreveu vários romances usando apenas letras minúsculas, mesmo para os nomes próprios, com o argumento de que não queria manter a hierarquia aparente que se cria, entre as palavras, ao marcá-las com maiúsculas e minúsculas. Ele queria preservar a "humildade" e a menoridade de todas as palavras de forma igualitária. Trata-se de um motivo "estranho", mas certamente quem decidir se entregar aos romances de Mãe verá que, com a leitura, o motivo se torna até autoevidente e, mais do que isso, necessário.

Mesmo Machado de Assis, um autor do século XIX, já realizava exercícios de estranhamento em suas obras, como em *Memórias póstumas de Brás Cubas*, em que há capítulos que começam dirigindo-se "à leitora", capítulos brevíssimos e um delírio tão detalhado que chega a não se saber se é real ou não.

Mas não é necessário que as práticas literárias de estranhamento sejam tão desviantes do hábito. Na maior parte das vezes, o leitor nem se dá conta de que está diante de um recurso como esse. Ainda assim, a sensação geral é de que algo está fora da ordem.

No romance *As meninas*, de Lygia Fagundes Telles,

cada capítulo é narrado por uma personagem diferente, compondo um mosaico polifônico em que, por vezes, não se sabe bem quem está falando. Em *A paixão segundo G.H.*, de Clarice Lispector, além do fato de a personagem passar o romance inteiro olhando para uma barata e especulando sobre ela, cada palavra que termina um capítulo inicia o seguinte. O leitor pode nem reconhecer esse recurso, mas, de alguma forma, ele condiciona sua leitura. Michel Laub, no *Diário da queda*, em vez de seguir com a narração em fluxo, numera cada parágrafo do livro, fazendo, com isso, com que a narração e a leitura se tornem mais distanciadas, gerando uma tensão entre aquilo que se narra e o modo de narrar. Na quadrilogia das estações, de Ali Smith, os personagens de um romance aparecem no outro, sem maiores explicações, e, no último, *Verão*, todos os personagens dos romances anteriores se encontram, rompendo expectativas e gerando surpresa.

Reuniões estranhas de substantivos e adjetivos; metáforas inesperadas; focos narrativos que se misturam; acontecimentos imprevistos; uso transgressor de formas gramaticais; sequências não lineares — são incontáveis os recursos existentes que contribuem para a sensação de estranhamento. É claro que nenhum deles, do menor ao maior, deve ser usado de forma gratuita, e sim com uma motivação clara e por necessidade literária. O que importa é que os efeitos de estranhamento na linguagem provoquem, na obra, uma espécie de coincidência entre aquilo de que se fala e a forma como se fala e, mais ainda, que a leitura possibilite que o leitor se sinta perturbado ou espantado.

Como já dito algumas vezes, a linguagem literária, por definição, difere da linguagem cotidiana, da informativa e da científica. Ela não se prende a regras tão rígidas e se propõe a uma liberdade que as outras não têm, justamente para que a narração possa versar sobre qualquer tema, da forma como o autor achar necessário, e também para que o leitor saia de seus lugares habituais. Não há deslocamento possível na visão de mundo do leitor se não houver também um deslocamento na forma como se narra uma história.

O filme *11'09"01 September 11* é composto de onze episódios, dirigidos por onze diretores diferentes, todos com duração de onze minutos e todos remetendo aó ataque às Torres Gêmeas. Em um deles, do diretor americano Sean Penn, um senhor idoso, viúvo, rega, todos os dias, um vasinho que pertencia a sua mulher, sempre sem sucesso, porque a flor não desabrocha. Finalmente, após a queda das Torres Gêmeas, em frente às quais esse senhor morava, o broto floresce, pois era a sombra dos prédios que impedia a luz do sol de iluminá-lo. Ou seja, do ponto de vista da flor, o atentado foi positivo.

A mudança de perspectiva, especialmente em relação a algum tema ou evento bastante explorado, também é uma forma de estranhamento. Escolher abordar um assunto a partir de um lugar — e a perspectiva é exatamente isso: um lugar — não esperado (no caso, um vaso de flores) é uma maneira de permitir que o evento seja percebido de forma "estranha", deslocada da expectativa mais centralizada.

Estranhar é ver a partir de fora, é estar do lado de fora, de certo modo à margem dos acontecimentos. E, para isso, a mudança de perspectiva é fundamental. No romance *De verdade*, do húngaro Sándor Márai, por exemplo, um mesmo acontecimento, um adultério convencional, é abordado do ponto de vista de quatro personagens distintas: o marido, a esposa, a amante e a criada. Dessa maneira, o leitor tem acesso a quatro versões diferentes, podendo escolher aquela em que acredita, mas, sobretudo, podendo refletir sobre como cada ocorrência da vida não possui apenas um ou dois lados, mas inúmeros, de acordo com cada pessoa que a vivenciou. Coetzee, no romance *Desonra*, muda de foco narrativo dentro da mesma frase, ao longo de um interrogatório, mostrando, com isso, como o interrogado se mistura com a vítima de cujo abuso ele está sendo acusado. Já no extenso romance *Submundo*, de Don DeLillo, é feita uma reconstituição da história social e cultural dos Estados Unidos, ao longo de três décadas, a partir das aventuras e desventuras vividas por uma bola de beisebol. Relata-se por quantas mãos ela passa durante esses trinta anos e como cada um de seus donos tem experiências únicas a contar, reveladoras de um aspecto diferente da vida nos Estados Unidos. São inúmeros os exemplos de livros que adotam o recurso de variar o ponto de vista com que a história é narrada, para com isso distorcer e dinamizar narrativas padronizadas sobre os acontecimentos.

Outro componente importante no processo geral do estranhamento é a pesquisa. O escritor é, por excelência, um ser curioso e investigativo. É fundamental que ele pesquise sobre temas que não domina, além daqueles em relação aos quais já sente segurança. Ciências exatas e naturais, outras áreas das ciências humanas e das artes, curiosidades gerais, outras línguas etc. Tudo é motivação e inspiração para a escrita, permitindo a exploração de palavras, expressões, metáforas, imagens e temas com potencial de gerar estranhamento e, sem dúvida, também originalidade, pois as duas coisas se complementam intrinsecamente.

No livro *Írisz: as orquídeas*, por exemplo, ao pesquisar sobre as orquídeas e aprender que uma de suas principais características é o fato de serem "epífitas", ou formarem raízes no ar, me dei conta de que a protagonista, Írisz, poderia ser metaforizada também ela como *epífita*, já que um dos seus aspectos mais importantes é o fato de sempre fugir de todos os lugares e situações em que se encontra. O resultado é que Írisz e as orquídeas vão estabelecendo uma espécie de relação simbiótica, em que acontecimentos da vida da personagem são compreendidos do ponto de vista das flores. Para mim, como autora, foi também uma forma de lidar com a proximidade que a história da personagem mantinha com minha história particular e contá-la a partir de outra perspectiva, mais "estranha" e particularizada e, por isso, mais genuína.

Para escrever *Diorama*, romance sobre uma taxidermista cujo pai está envolvido em um crime político, Carol Bensimon conta que precisou pesquisar a fundo a história de um crime real ocorrido no Rio Grande Sul há mais de vinte anos, recorrendo a arquivos, fotografias, leitura de inquéritos e notícias, além de mergulhar no mundo da taxidermia, conhecendo os materiais, as técnicas, as motivações políticas, tudo para criar uma personagem verossímil. O resultado é tão genuíno que cheguei a pensar que a autora também tivesse praticado taxidermia. E, sem dúvida, em suas pesquisas, ela se deu conta do quanto essa técnica poderia funcionar como componente narrativo e metafórico, inclusive do próprio crime de que o pai é acusado. No processo de aproximação profunda e lenta, é inevitável descobrirem-se caminhos ficcionais, possibilidades de relações mais originais e "estranhas" entre personagens e cenas.

Sair de si, como já foi dito, é uma tarefa necessária para criar personagens autênticos, que não sejam extensões do autor ou meras ilustrações de alguma ideia. Para que os personagens possuam voz própria e problemas próprios, o autor deve permitir que as palavras falem e que os personagens "digam" o que querem, e, para isso, é preciso relativizar-se, estranhar-se e entrar em relação de mudança de perspectiva: ser o outro de si mesmo e entrar em uma relação de *devir* com aquilo que se escreve.

O processo de estranhamento pode ocorrer na escolha das personagens, no foco narrativo, no tratamento do tempo e do espaço e também na própria linguagem, que, dependendo do uso, provoca e desautomatiza a leitura.

Modesto Carone, tradutor de Kafka para o português, conta que o alemão utilizado pelo autor (de origem tcheca) é "cartorial", como se fosse um alemão burocrático. Isso gera, no leitor de língua alemã, uma sensação estranha, de ler literatura em uma abordagem inédita, quase não literária, certamente um efeito coerente com o conteúdo da obra de Kafka. Carone explica a dificuldade de traduzir uma obra com esse viés, já que a mesma sensação deve ser alcançada em português.

No livro *Vidas secas*, de Graciliano Ramos, uma das principais dificuldades do personagem Fabiano, além da fome, da sede e da errância, é a ausência de linguagem, a falta de palavras para comunicar seus sentimentos e revolta: "Admirava as palavras compridas e difíceis da gente da cidade, tentava reproduzir algumas, em vão, mas sabia que elas eram inúteis e talvez perigosas".[1] No parque de diversões, os dois filhos de Fabiano se entreolham e perguntam: "Como podiam os homens guardar tantas palavras?".[2] Sabe-se que Graciliano, para compor o romance, cortava-o impiedosamente, até ele ficar quase "pobre" de palavras, com uma linguagem semelhante à dos personagens. O resultado é que a economia narrativa emula o tema explorado, causando uma sensação de escassez generalizada.

IDEIAS PRÁTICAS

- Pesquise sobre temas que você não domina ou desconhece totalmente: mecânica dos fluidos, engenharia naval, paleontologia etc. Nessa pesquisa, anote termos e expressões e procure criar com eles metáforas e caracterizações para personagens.
- Escreva um texto contando uma história muito conhecida de todos, mas do ponto de vista de um personagem secundário, por isso alterando tudo o que for necessário. Por exemplo, se "Chapeuzinho Vermelho" fosse narrada da perspectiva da mãe da menina, talvez fosse importante narrar os doces, as receitas, a preocupação, a raiva que ela sente da própria mãe etc.
- Escreva um texto, em primeira pessoa, cujo narrador é extremamente diferente de você: uma aldeã chinesa, um líder de um povo indígena boliviano etc.
- Escreva um texto do ponto de vista de algum personagem que vive à margem ou que é excluído pelos "normais": um louco, uma pessoa vivendo na rua, um velho etc.
- Procure escrever "erros" intencionais: tire as vír-

gulas, os pontos, mude sinais de pontuação, cometa erros ortográficos motivados, "erre" as concordâncias nominais e verbais etc. Leia o texto e veja se o leitor vai compreender o que motivou esses "erros".

- Procure, em sua biblioteca, livros que contenham composições linguísticas e estruturais que escapam à norma. Por exemplo, *O jogo da amarelinha*, de Julio Cortázar; *Opisanie świata*, de Veronica Stigger; *Carta à rainha louca*, de Maria Valéria Rezende, e outros. Procure entender os motivos desses usos "estranhos" do estilo e da língua.

- Busque vivenciar experiências "estranhas": escreva com a mão com que você não costuma escrever; escreva em outra língua; ouça canais no YouTube em línguas que você desconhece; passeie por lugares desconhecidos e converse com pessoas que falam e pensam diferente de você.

# Com a palavra: Jeferson Tenório

Penso que a literatura é sempre um processo de migração. Por mais que a história narrada esteja próxima do autor, por mais que o texto literário contenha um tom confessional, ainda assim, exigirá do escritor uma espécie de migração de si próprio. Frequentemente sou questionado sobre ter construído uma personagem na perspectiva de uma menina negra de treze anos, em meu romance *Estela sem Deus*. Perguntam-me se não foi difícil me colocar no lugar dessa menina, cujo sonho era tornar-se filósofa. A primeira resposta que me vem à cabeça é a de que Estela não foi difícil. Estela foi impossível. Não do ponto de vista estético, mas do ponto de vista existencial. Estela era e ainda é uma estrangeira em mim e que me desalojou. Estela estabeleceu um canal de interlocução com este desconhecido que havia em mim. O estrangeiro foi revelado, mas não resolvido. Estela me desabrigou. E talvez por isso tenha sido possível escrevê-la do ponto de vista estético. Por isso penso que a literatura não dá abrigo, mas nos faz pressentir a morada em que se vive. O que quero dizer é que, por mais que Estela tenha saído de minha imaginação, há, em sua construção, aspectos inacessíveis para mim. Lugares obscuros e com os quais precisei, paulatinamente, aprender a lidar. Me lembrei agora da Julia Kristeva em *Estrangeiro para nós mesmos*, quando ela reflete sobre o que é o estrangeiro ou ainda sobre quem tem o direito de ser estrangeiro. Grosso modo podemos chegar ao entendimento de que o estrangeiro, num primeiro momento, é sempre aquele que não pertence a determinado grupo. O Estrangeiro é aquele que vem de fora. O que é diferente. Aquele que não comunga das mesmas crenças. A literatura para ser literatura precisa ser estranha a nós mesmos.

Na verdade, a vida é estranha por definição. Acho tão absurda a ideia de viver num planeta que gira ininterruptamente no meio do nada. O cotidiano, tributável, burocrático, naturaliza a vida e nos faz ter uma ilusão de normalidade. No entanto, a realidade para mim é absurda e não há sentido nela. Todos somos estranhos quando nos olhamos mais de perto. E a literatura é isto: olhar mais de perto para a normalidade. Sempre digo que todas as pessoas carregam romances dentro de si. Todos nós somos capazes de executar romances. Um dia, sentamo-nos diante de um computador e iniciamos uma história e, assim, com disciplina e tempo, em oito meses podemos ter um romance. Creio que todos nós, em certa medida, ocultamos esse exército de estrangeiros que vive dentro de nós. A questão que se impõe é: quanto estamos dispostos a exercer esse movimento migratório dentro de nós mesmos. A literatura é o primeiro passo para admitir que não nos conhecemos. E isso não é problema, mas um jeito de desnaturalizar o mundo. A literatura talvez seja um modo de fazer justiça à falta de sentido. A literatura seria este acerto de contas com este estrangeiro que nos habita. Não cheguei à Estela porque me pediram. Cheguei porque era um desejo íntimo e incontornável. É isso que me leva a escrever. E é com esse desejo que surgem personagens que se desviam dos padrões sociais, justamente porque expõem esse estranhamento em relação à vida.

Vou novamente falar de Estela, porque acho que é uma personagem perturbadora por não atender a um comportamento que se espera de uma menina negra de treze anos, moradora de uma região periférica. Estela quer ser filósofa. Quer gastar seu tempo pensando sobre as coisas. Quando eu pensava em Estela, antes de começar a escrever, imaginava uma menina negra que fosse "sequestrada" pela religião. A ideia inicial era demonstrar o processo de alguém que é atraído pelo universo doutrinador de uma determinada religião e que depois passa a questioná-lo. Mas, de fato, não foi isso o que aconteceu. Ao longo da escrita fui percebendo que Estela tinha força suficiente para algo mais desafiador: livrar-se das amarras da figura de Deus, para, logo a seguir, não "matá-lo" simbolicamente à moda nietzschiana, nem se submeter a uma conversão à la Raskólnikov, mas passar por um processo de mudança filosófica diante da figura de Deus, mesmo com tão pouca idade. Assim, Estela perturba, num certo sentido, por não corresponder às narrativas brancocêntricas sobre as mulheres negras. Acho que a boa literatura não se sustenta sem perturbar o leitor.

Posso citar aqui duas personagens de que gosto muito e que me impressionaram bastante quando li; a primeira é Biela, do Autran Dourado, do livro *Uma vida em segredo*. E a outra é a Macabéa, de Clarice Lispector, do livro *A hora da estrela*. Creio que ambas as obras representam magistralmente a inadequação de pessoas tão delicadas e sensíveis que não cabem na vida. A vida não estava preparada para elas. Nos dois livros o estranhamento é levado à sua radicalidade existencial. Esse eterno "sentir-se deslocado" no mundo é exposto, nesses dois livros, com beleza e brutalidade.

# Princípio 6: Detalhes

Em grande parte dos livros realistas e naturalistas escritos no século XIX, praticava-se uma espécie de "culto" ao detalhe, em que se faziam descrições tão exaustivas e minuciosas de cada cena, personagem e lugar, que o leitor sentia quase como se estivesse em um laboratório ou observatório, analisando detidamente cada minúcia da cena e do personagem. Era uma prática rígida, que muitas vezes exauria não só os leitores mas os próprios autores — Flaubert reclamava em suas cartas de estar cansado de estudar inúmeros livros de anatomia, somente para poder descrever o pé de Madame Bovary da forma mais fidedigna possível. Além do mais, ainda não se vivia a proliferação de imagens de hoje; a fotografia e o cinema, a partir do início do século XX, acabariam dispensando a necessidade de descrições desse tipo. Uma das premissas mais importantes do modernismo, em vários países, assim como das vanguardas nele implicadas, foi a de libertar-se de cânones rígidos para a escrita literária, e, com isso, as descrições extremamente realistas acabaram por perder força. Hoje, é raro encontrar um autor ou mesmo um leitor que se interesse muito por esse tipo de descrição detalhada de um chapéu, uma refeição ou um pé.

Mas não é desse tipo de detalhe, nesse sentido exaustivo e totalizante, que falo aqui, mas, ao contrário, de elementos particulares e únicos, que apontam para características específicas de alguma cena narrada. São detalhes que conferem "verdade", humanidade e dinamismo aos personagens, tornando-os convincentes e mais íntimos do leitor. Se coloco entre aspas a palavra "verdade" é porque me refiro à ideia de "verdade literária", aquilo que faz com que uma história ficcional, por mais inverossímil, ganhe força persuasiva e faça com que o leitor "acredite" nela e suspenda sua descrença, como diz Coleridge em seu *Biographia literaria*.

Em seu livro *Como funciona a ficção*, James Wood, no capítulo sobre detalhes, lembra de uma cena narrada por Tolstói. Um homem vendado, a caminho de sua execução, afrouxa o nó da venda que cobre seus olhos, pois está apertado demais. Wood pergunta: por que uma pessoa ainda se dá ao trabalho de pensar em um nó, se está a um passo de ser morta por um esquadrão? E conclui que esse detalhe aparentemente sem importância é a nota que confere verdade e humanidade ao personagem, tornando a cena ainda mais dramática. O nó afrouxado não altera nada na sequência dos acontecimentos atuais ou futuros, mas é significativo, na medida em que torna o personagem real, particularizando-o e aumentando a intensidade de sua dor, justamente pela inutilidade do gesto descrito.

Quando conhecemos alguém, superficial ou profundamente, o que nos faz sentir de fato próximos da pessoa são suas manias, idiossincrasias, hábitos, detalhes: uma coceira, um cacoete verbal ou gestual, um objeto especial, uma fotografia, uma música, uma piada privada. Muitas vezes, uma única menção a algum desses detalhes faz com que o personagem seja compreendido metonimicamente, pela força sintética desse elemento. No conto "A causa secreta", de Machado de Assis, por exemplo, o aspirante a médico Fortunato — um sádico enrustido — recebe um jovem que tinha socorrido fazia pouco e que vai visitá-lo para manifestar sua gratidão. Sem paciência, "Fortunato recebeu-o constrangido, ouviu impaciente as palavras de agradecimento, deu-lhe uma resposta enfastiada e acabou *batendo com as borlas do chambre no joelho*" (grifo meu). Retorno a essa cena pela clareza do exemplo: esse pequeno gesto de "bater com as borlas do chambre no joelho" é um detalhe suficiente para dar conta de sua indiferença para com o jovem que recém-socorrera, já que é mais interessado pela doença do que pela cura.

No texto "O efeito do real", Roland Barthes se pergunta sobre a necessidade, no livro *Madame Bovary*, de mencionar um barômetro localizado sobre um piano, embaixo do qual está "uma quantidade piramidal de caixas e cartões". O piano é justificado, segundo Barthes, para ressaltar a atmosfera burguesa da casa. As caixas e cartões também exercem a função narrativa de denotar a desorganização. Mas e o barômetro? Trata-se, aparentemente, de um detalhe inútil, que supostamente deporia contra o rigor realista de Flaubert. Mas não. A conclusão do ensaio é a de que o barômetro está ali como que para dizer: "Olá, eu sou o real". Esse detalhe, supostamente inútil à primeira vista, mostra como a inutilidade é fundamental para retratar a realidade de uma cena. Cada um de nós, cada lugar que frequentamos, sempre possui partes, detalhes cuja importância não é fácil compreender.

Por que alguém usa um brinco sem fecho? Por que, de uma bolsa desajeitadamente caída, salta uma língua de sogra, um palito de dente? Muitas vezes os sentidos simbólicos de alguns detalhes não são explorados pela narrativa. Os objetos restam ali, como sinais fugazes de que a pessoa ou o ambiente está simplesmente vivo e ativo, em estado dinâmico. E mesmo em situações de passividade ou em atmosferas mais estáticas, esses detalhes inúteis também podem conferir verdade à cena, constituindo-se como indícios de que alguma vida passou por ali.

Quando um escritor conhece seus personagens em profundidade, quando empatiza com eles — seja por simpatia ou antipatia —, passa a reparar em coisas como seu hábito de segurar a alça que se localiza acima da janela dentro de um carro, seu jeito de apertar a pasta de dentes, sua mania de repetir alguma palavra. Não é necessário criar detalhes artificialmente, na tentativa de tornar o personagem mais convincente. Os detalhes aparecem quase que inevitavelmente, como resultado ou efeito do conhecimento que se adquire do personagem ao longo do processo de escrita. É um misto de invenção e reconhecimento, pois, à medida que inventamos nossos personagens, eles também vão se revelando a nós e nos mostrando características suas que desconhecíamos. Nesse processo (e escrever é sempre um processo), detalhes simbólicos, significativos e funcionais se misturam a outros menos importantes ou inúteis, compondo assim uma organicidade viva, em que nem tudo precisa ser dotado de um sentido aproveitável.

O detalhe também revela e, muitas vezes, *trai* a narração ou o personagem. Pode ser que o texto descreva alguém grave, solene, que segue à risca preceitos morais canônicos quaisquer. Entretanto, um detalhe imperceptível, como uma unha suja de um polegar, pode adquirir um significado único, revelando algo clandestino no comportamento do personagem. É o que narra Marcel Cohen, em seu texto "Deus e o diabo estão nos detalhes":[1]

a) Em 1943, o pintor Michel Cadoret e sua mulher, amigos do escultor americano Alexander Calder, foram bater à porta do dr. Petiot, à rue Le Sueur, nº 21, no 16º arrondissement de Paris. A sra. Cadoret é médica. É também judia, boa razão para abandonar a Paris ocupada. Graças a suas relações, Petiot garante ao casal que providenciará passaportes falsos e passagens para a América do Sul. Como costuma fazer a quem o procura, aconselha-os a costurar dinheiro e joias no forro das roupas e levar apenas uma bagagem leve. No dia estipulado, bastará se apresentar em seu consultório.

Petiot se ausenta para pegar os formulários que o casal deverá preencher. A dra. Cadoret aproveita e se levanta de um salto. "Vamos fugir o mais rápido possível", ela murmura para o marido, perplexo. Mas as coisas não estavam tomando o melhor dos rumos? Já na calçada, ela lembra ao marido que Petiot se diz cirurgião. Michel não teria prestado atenção a suas unhas? Estavam negras de sujeira. Um cirurgião jamais se descuidaria a esse ponto, mesmo se não exercesse mais a profissão, ela explica.

Até aquela data, 27 pessoas, todas atrás de passaporte e passagem, tinham sido espoliadas dos bens que traziam escondidos em suas roupas. As vítimas eram assassinadas no consultório da rue Le Sueur pelo suposto médico, que as incinerava em sua estufa a carvão.[2]

No romance *A marcha de Radetzky*, de Joseph Roth, o imperador Francisco José está passando em revista um destacamento do Exército num vilarejo isolado no interior da Áustria. De repente, os soldados todos estão parados, observando uma gota de neve que estacionou na ponta do nariz do general maior. O que será que vai acontecer? Ela vai cair, vai ser aspirada, o imperador vai afastá-la com a mão? São perguntas que não aparecem no romance, mas que, durante os breves instantes da narração, ficam suspensas no ar. A imagem de um dos homens mais poderosos do mundo naquele momento imediatamente anterior à eclosão da Primeira Guerra Mundial, parado num lugar desconhecido, diante de soldados comuns, olhando para o horizonte em cima de um cavalo, com uma gota de neve paralisada na ponta do nariz, é a própria imagem do declínio do império, e também da solidão desse homem diante do que ele vislumbra para si mesmo num futuro próximo. Nada disso está dito, contudo. O que o leitor vê é essa gota sozinha, despretensiosa, mas carregada de sentido político e emocional. Se Roth, no lugar da ridícula gota no nariz, tivesse narrado a solidão e a iminência da decadência do império, certamente o efeito simbólico se perderia e o texto discorreria mais *sobre* a situação do que a mostraria, sem nos fazer sentir e mesmo *ver* a ameaça da guerra.

Muitos cursos de escrita criativa, especialmente nos Estados Unidos, onde é tradição esse tipo de ensino, apregoam de forma ostensiva uma máxima que já se tornou quase um lugar-comum: "*Show, don't tell*". Com essa frase, o que se quer dizer é que a literatura mais expressa as coisas em estado de acontecimento do que fala *a respeito* delas. O leitor deve conhecer o que lê muito mais pela penetração na cena do que por ouvir sobre ela; deve sentir que é íntimo dos personagens, como se eles fossem vivos, mais do que saber como eles são, o que fazem e o que pensam. Por exemplo, de acordo com essa máxima, para *mostrar* um personagem que tem medo da escuridão, diríamos: "Assim que sua mãe apagou a luz, Pedro se enfiou embaixo do cobertor, agarrou as pontas do lençol e segurou a respiração" e não "Pedro tinha medo do escuro".

Penso que é preciso ouvir essa formulação com cuidado, sem reproduzi-la de forma acrítica. A literatura também tem seus momentos de comentário e reflexão, variando em quantidade e qualidade. Um romance metalinguístico, como *Se um viajante numa noite de inverno*, de Italo Calvino, é bem mais centrado em *"tell"* do que em *"show"* e nem por isso é menos bom do que *O velho e o mar*, por exemplo, que se localiza do outro lado do suposto binômio. *A montanha mágica*, de Thomas Mann, é outro romance que mistura *"show"* e *"tell"* quase na mesma intensidade, sem que isso faça com que seus personagens sejam menos persuasivos.

Em geral, costuma-se tomar os detalhes, que atribuem vida às cenas e aos personagens, como características típicas da narrativa que "mostra" mais do que "conta", já que mostrar está mais próximo da ideia de personagens agindo, falando e vivendo diretamente na cena. Mas os detalhes são também importantes no processo narrativo indireto, quando a narração se concentra mais em comentar do que em mostrar o que está acontecendo. Afinal, quando comentamos ou refletimos sobre algo, nem por isso é preciso tornar a narração algo totalmente distanciado do que acontece ou do leitor. O comentário também é ficcional e pode, igualmente, fazer parte integrante do fio narrativo. Um narrador comentarista ou reflexivo não só pode, como deve, ter sua subjetividade revelada naquilo que comenta. E isso implica detalhes: podem ser comentários irônicos, como os de Machado de Assis; críticos, como os de Euclides da Cunha; metalinguísticos, como os de Julio Cortázar; ou também filosóficos, psicológicos e metafísicos, como em Thomas Mann ou Sebald.

No livro *Os anéis de Saturno*, o narrador (provavelmente o próprio Sebald) conta que está chegando à campina de Dunwich, na Inglaterra. Ao falar sobre as queimadas que atingiram a região, ele faz uma digressão (como é muito comum em seus livros) e passa a comentar o hábito das queimadas de forma mais geral, em outras partes do mundo:

> Não é por nada que a terra do Brasil, quase imensurável, deve seu nome à palavra francesa para carvão de madeira. O processo de tornar carvão plantas nobres, a incineração incessante de toda a substância que pode ser queimada, é o móvel de nossa difusão pela terra. Desde

o uso da primeira tocha até os lampiões do século XVIII, e do brilho desses até a pálida claridade das luminárias sobre as autopistas belgas, tudo é queima e queima é o princípio interno de todo objeto que produzimos. Para produzir um anzol, para fabricar uma taça de porcelana e produzir um programa de televisão, em última análise tudo repousa sobre o mesmo processo de queima. As máquinas que inventamos têm, como nossos corpos e nossas nostalgias, um coração que se consome lentamente em fogo. Toda a civilização humana foi desde o começo senão um fagulhar cada vez mais intenso que ninguém sabe quando vai aumentar, e quando aos poucos morrerá. Por enquanto, nossas cidades ainda se iluminam, os fogos ainda crescem.[3]

Todo esse trecho, como se pode ver, é um extenso comentário digressivo ao que se vinha contando e ainda se vai continuar a mostrar. Não faz parte integrante do fio dos acontecimentos, mas une-se de maneira bem orgânica ao todo, pela forma subjetiva, poética e interessante com que o autor insere suas reflexões. E um dos componentes importantes, sem dúvida, para que esse comentário participe tão bem da narrativa são detalhes como "autopistas belgas", "anzol" e "taça de porcelana", que contribuem para que todo esse "desvio" ganhe, também ele, autenticidade literária e possa fazer parte da narração, mesmo que se desvie da suposta trama central.

Quando lembro de meu pai, por exemplo, morto há quase trinta anos, o que me vem à cabeça são coisas como: nós gostávamos de frequentar um restaurante no centro da cidade, onde eu pedia mamão papaia batido com licor de cassis. Ele achava chique e gostava de satisfazer o pedido. Ou então: sempre que ele se entristecia, assoviava uma canção alemã ou iídiche, cujo único trecho que eu lembro é *"shnatse há winter"*, sem certeza sobre a letra. São esses detalhes que me fazem reviver essas cenas e me recordar dele com mais vivacidade e não algo como me lembrar de sua inteligência ou de seu tino para os negócios.

Na realidade, abstrações como "inteligência" e "tino para os negócios" são conclusões a que o pensamento e a intuição chegam depois de observar os detalhes concretos das ações da pessoa. Detalhes são partes de um todo e podem, muitas vezes, ser eles mesmos substitutos desse todo ou totalidades em si mesmos. As partes que compõem um suposto todo que nos constitui, somadas, são maiores do que ele, já que somos feitos de inúmeras partes mutantes e, por que não, também de todos que se modificam constantemente.

O leitor, ao acompanhar a vida, as aventuras e desventuras de personagens, se afeiçoa, se identifica, cria antipatias não pelas características gerais dessas criaturas, mas justamente por gestos e nuances que eles vão apresentando, tornando-os particulares e até íntimos, seja positiva ou negativamente. "Adoro fulano, mas não gosto da forma como ele fala 'compreende' a cada duas frases", ou "Não gosto de sicrano, mas dou muita risada toda vez que ele tropeça nas coisas", são comentários comuns quando o leitor se torna uma espécie de cúmplice do que lê. E essa cumplicidade só pode ser atingida quando há detalhes que humanizam os personagens.

Escrever é um ato lento e assim deve ser. Prestar atenção nos detalhes, cultivá-los, demorar-se sobre eles e permitir que também o leitor conheça cenas e personagens em suas nuances é um trabalho exaustivo e incessante. O escritor não deve optar por atalhos generalizantes e abstratizantes para facilitar e acelerar o caminho da escrita.

"Apressa-te lentamente", esse mote tão antigo quanto sábio é um dos melhores conselhos para sintetizar o ofício da escrita: dinâmica e tempo. Os detalhes são parte viva e essencial nesse processo.

## IDEIAS PRÁTICAS

- Ao longo de dez dias, crie um personagem e vá convivendo o tempo todo com ele: desde o momento de acordar até a hora de dormir. Acompanhe como ele acorda, escova os dentes, toma banho, toma café, cozinha, trabalha, como caminha, como se senta, como fala ao telefone, e aos poucos vá descobrindo seus cacoetes, manias e idiossincrasias. Escreva esses detalhes em forma de lista e, ao final do processo, componha o personagem: nome, idade, procedência, profissão etc.
- Releia alguns de seus contos ou romances preferidos e vá anotando os detalhes que o autor enfatizou ou mesmo quais ele poderia ter enfatizado e não percebeu. Isso vai fazer com que você construa, lentamente, uma percepção mais aguçada sobre a importância e a função dos detalhes.
- Ao longo de algum tempo estipulado por você, tente prestar atenção nos detalhes que mais o agradam e que mais o irritam nas pessoas que você conhece e também em você mesmo. Anote-os e veja se é possível aproveitá-los na criação de seus personagens.
- Reescreva cenas de algumas narrativas, acrescen-

tando detalhes a elas. Releia e avalie se melhorou ou se piorou.

- Assistindo a filmes, preste atenção nos detalhes funcionais e em outros que podem ser gratuitos, apenas para chamar a atenção sobre a "verdade" da cena. Analise o uso desses detalhes pelo diretor.

# Com a palavra: Milton Hatoum

Para criar um personagem, penso primeiro como poderia ter sido sua vida, com seus dramas e conflitos. Faço perguntas: qual o lugar dele(a) na narrativa? Como se relaciona com os outros? Acho que tudo isso tem a ver diretamente com uma questão central: o modo de narrar. Os detalhes podem ser importantes para desenhar a aparência, construir a personalidade, e mesmo enfatizar o movimento ou a mudança interior do personagem. No século XIX, a descrição com muitos detalhes era comum. Ainda se faz isso. Mas, a partir dos modernistas, essa ênfase nos detalhes diminuiu. Talvez o cinema tenha contribuído para isso. Virginia Woolf, ao caracterizar o dr. Holmes, escreve: "esse imbecil repugnante, com as narinas rubras". Ou: "Holmes vencera, claro: o imbecil de narinas avermelhadas vencera". É assim que um paciente vê o médico. Em poucas palavras, um traço físico se liga a um julgamento moral.

Geralmente, escrevo sobre os personagens antes de

começar o romance. Faço um esboço para descobrir ou ver a "pessoa". Não é nada metódico, apenas uma prática que adquiri desde o primeiro livro. Às vezes os personagens mudam de perspectiva; ou surgem outros, com novos detalhes. O imprevisível conta muito, e surpreende quem narra. A revisão é sempre demorada, pois muita coisa muda.

Penso que os detalhes ajudam muito a conferir verossimilhança aos personagens. No ensaio "A postulação da realidade", Borges destaca nas obras de Defoe e Wells o "desenvolvimento ou a série de pormenores lacônicos de longa projeção". Num outro ensaio, ao retomar esse tema, diz: "num relato cuidadoso, todo episódio é de projeção ulterior". Borges reflete sobre uma questão relevante na obra dele. Em vários contos, os pormenores encerram um enigma, talvez indecifrável. Às vezes, o enigma é o nome de um personagem, uma referência a um livro, ou uma questão metafísica. Borges cita Wells e Defoe, mas outros grandes antecessores do escritor argentino — Kafka, Henry James, Proust — são mestres no uso de pormenores e sua "projeção ulterior".

Nos meus romances há, logo no início (que geralmente é o desfecho), uma frase ou um episódio que será desdobrado ou desenvolvido. No *Órfãos do Eldorado*, uma mulher indígena (Florita) conta para o menino Arminto uma história. É um mito. O menino não entende a língua indígena. A narrativa do mito, em chave realista, será a história do romance, contada muito tempo depois pelo próprio Arminto. No *Cinzas do norte*, Lavo vê o amigo Mundo desenhar numa praça. Ainda são crianças, mas o desenho de um barco à deriva é uma metáfora da vida de Mundo. Na abertura do *Dois irmãos*, a matriarca Zana, no leito de morte, pergunta: "Meus filhos já fizeram as pazes?". Essa é a história central do romance.

Um romance se faz na escrita. Você escreve planos e esboços, ou escreve resumos de cada capítulo, como fazia Flaubert, mas é no ato mesmo de escrever que a narrativa se realiza. Mallarmé e Zola, dois escritores discrepantes em tudo, disseram coisas parecidas: as ideias não bastam, é preciso transformá-las em palavras. E quando isso acontece, o plano de navegação se altera durante a travessia. O romance é essa longa e paciente travessia num mar de problemas.

# Princípio 7: Experimentação

Experimentar é colocar algo à prova; é arriscar-se para verificar se uma ideia nova funciona ou se abre novos caminhos. É inaugurar uma forma real para uma imagem mental, e é também vivenciar experiências, abrindo-se para o desconhecido e o imprevisto.

Quando um cientista decide elaborar um experimento, ele arrisca uma hipótese para ver se ela efetivamente alcança determinado resultado. Por exemplo, se a ciência está em busca da cura de uma doença, é possível experimentar alguma substância que, em contato com o patógeno causador do mal, reaja de forma a eliminá-lo. Pode ser que a experiência não dê os resultados esperados, pode ser que não funcione de imediato, exigindo outras composições, e pode ser que ela não funcione de forma alguma. Mas certamente, ao longo do processo experimental, o cientista terá descoberto respostas inesperadas e obtido aprendizados úteis para experiências futuras.

Pode-se experimentar uma comida, um reagente químico e, por que não, um recurso literário. Nem sempre um experimento tem uma finalidade ou intenção consciente. Muitas vezes, é fruto do acaso ou do puro prazer de verificar o comportamento de algo sob novas circunstâncias. Sem dúvida, se não fosse pelo ímpeto humano de lançar-se a novas experiências, grande parte das transformações científicas, estéticas e outras que conhecemos não teria acontecido.

Quem experimenta abre-se para o imprevisível, seja por prazer, por contestação ou, muitas vezes, porque determinado padrão atinge seu limite e acaba por tornar-se, em termos literários, saturado como um clichê ou uma construção por demais sedimentada e, portanto, incapaz de novas possibilidades expressivas.

Mesmo assim, não há como negar que ainda persiste um preconceito contra o termo "experimental", especialmente quando aplicado às artes, à literatura, ao cinema, às artes plásticas etc. Na maioria dos casos, quando se utiliza a palavra "experimental" para qualificar uma obra literária, a conotação implícita é a de que se trata de uma obra "chata, gratuitamente inovadora e difícil, feita apenas com a intenção de chocar".

Essa recusa, sem dúvida, se deve a uma tendência geral de apenas aceitar o habitual, sem pensar que aquilo que se tornou habitual já foi, por sua vez, também um experimento rejeitado. É só pensar nos quadros cubistas de Picasso, por exemplo, ou nas primeiras obras impressionistas que, se causaram escândalo na época, hoje são reproduzidas e vendidas para multidões em aeroportos e nas lojas dos museus.

Na literatura, um caso conhecido é o do poema "No meio do caminho", de Carlos Drummond de Andrade. À época do lançamento do livro *Alguma poesia*, 1930, o poema provocou críticas indignadas, principalmente por conta do verso "tinha uma pedra no meio do caminho", no lugar de "havia uma pedra", forma então aceita e avalizada pela norma culta.

O uso de "tinha" aqui é uma transgressão gramatical, um experimento. Não é difícil constatar que "tinha uma pedra no meio do caminho" é mais coerente com a totalidade da proposta do poema. "No meio do caminho" é escrito de maneira simples, coloquial e repetitiva; a "rudeza" e a forma em bloco mimetizam a simplicidade e a rudeza de uma pedra. Sua linguagem desafia certa ideia da poesia — ainda frequente na época — como expressão de sublimidade e elevação, numa crítica tipicamente modernista não só aos temas parnasianos, mas em especial a sua expressão clássica, rimada e metrificada. Se foi um escândalo naquele momento, hoje a forma "tinha", no lugar de "havia", é amplamente aceita e ninguém sequer imagina escandalizar-se com ela.

É claro que não há como saber — e não nos interessa — o que Drummond teria pensado ao decidir usar essa palavra no lugar de outra. Pode ter sido uma decisão refletida ou somente intuída, fruto de revisão ou de um sentido aguçado de risco, já prevendo reações negativas. O que nos interessa, como público leitor e como escritores, são a contundência e a unidade poética que o poema adquire com a introdução do que, na época, foi uma novidade. Por mais estranha que a experiência possa soar num primeiro momento, o leitor atento entende o convite que o poema oferece e, se estiver aberto, aceita-o como uma possibilidade atraente.

O contrato que o texto experimental estabelece com o leitor costuma ser claro: trata-se de uma obra que se abre para potencialidades ainda inexploradas da linguagem e/ou do tratamento temático. Um leitor que se dispõe a ler uma obra com essa proposta precisa, igualmente, abrir-se para um novo olhar. Só assim poderá decidir se aquele experimento atingiu o efeito desejado e se ele efetivamente abre novos caminhos. Esperar que a leitura de um texto experimental seja semelhante a uma leitura habitual é um equívoco e pode levar a julgamentos precipitados e, muitas vezes, preconceituosos.

No romance *Agora veja então*, a autora antilhana Jamaica Kincaid narra a vida da "querida sra. Sweet", também ela uma imigrante antilhana nos Estados Unidos, vivendo numa casa de subúrbio com os dois filhos e o marido que a odeia. Ao longo do texto, inúmeras repetições se referem a ela, quase sempre, como "querida sra. Sweet", aos filhos como "a bela Perséfone" e o "jovem Héracles" e à casa onde ela mora como "a casa na qual Shirley Jackson uma vez morou". A linguagem, mesmo em terceira pessoa, é extremamente básica e repetitiva, a ponto de irritar o leitor:

> [...] quão cruel é alguém fazer você amar uma coisa doze vezes e então mudar para alguma outra coisa e fazer você amar essa coisa e então mudar para outra coisa e fazer você amar essa coisa também e então tornar nova a coisa que você amou sem dizer nada para você e então você passa a amar essa coisa nova também e então mudar para alguma coisa que você já esqueceu e fazer você amar essa coisa também e então mudar para alguma coisa que você conhece e amou então e ama agora e fazer você pensar que não conhece nada dessa coisa.[1]

Desde o título do livro, *Agora veja então*, e ao longo do romance, o leitor se dá conta de que o uso insistente das palavras "então" e "agora" tem a função de explorar seus vários sentidos possíveis, confundindo o passado, o presente e a sequenciação previsível das frases, como provavelmente acontece dentro da cabeça de uma imigrante pobre em um país novo, que não conhece a língua e que se vê forçada, por várias circunstâncias contrárias a sua vontade, a cuidar de uma casa e de uma família tipicamente americanas.

No trecho acima, a autora arrisca uma linguagem supostamente infantil e quase medíocre, na tentativa de ironizar os processos cruéis a que a "querida sra. Sweet" é submetida e de mimetizar sua perturbação mental e linguística. O romance inteiro é escrito dessa forma, num jogo ousado que, se aceito pelo leitor, permite adentrar com força e verossimilhança a realidade da vida dos imigrantes nos Estados Unidos.

Como se pode ver, não se trata de uma leitura fácil. Mas quem aceita percorrer suas páginas enfrentando a irritação provavelmente termina a leitura com a mesma perturbação proposta por Manuel Bandeira no poema "Nova poética":

Vai um sujeito,
   Sai um sujeito de casa com a roupa de brim branco muito bem engomada, e na primeira esquina passa um

caminhão, salpica-lhe o paletó ou a calça de uma nódoa
de lama:

É a vida

O poema deve ser como a nódoa no brim:

Fazer o leitor satisfeito de si dar o desespero.[2]

As transgressões e subversões experimentais, ao
desafiar as normas correntes da linguagem, desafiam
igualmente a linearidade narrativa, o lugar do leitor e
até mesmo os hábitos da moral vigente, exercendo assim também um papel político.

Entretanto, é fundamental que os experimentos tenham consistência e função narrativa. Não é preciso
que o leitor saiba exatamente qual é essa função; quando ela existe de fato, ele a aceita, mesmo intuitivamente,
como necessária à obra.

É conhecida a frase de Samuel Beckett: "Falhar outra vez, falhar melhor". Falhar, seja incidental ou intencionalmente, também pode ser um experimento, ou
uma forma de desnudar o processo de escrita para o leitor, no lugar de entregar a ele um resultado aparentemente pronto. O erro pode ser também uma libertação
em relação à obrigatoriedade de acertar, de ser eficaz e
produtivo e de oferecer o que o público espera. É claro
que, com o tempo, também um erro pode se tornar um

hábito incorporado: é hora então de buscar novos erros, novos desacertos que desestabilizem as formas institucionais.

Durante o transporte da obra conhecida como *O grande vidro*, de Marcel Duchamp, ocorreram várias rachaduras, para desespero dos organizadores da exposição. Mas, no lugar de refazer a obra ou de brigar com a transportadora, o artista decidiu incorporar as fissuras do vidro como parte integrante do trabalho; uma marca da trajetória pela qual ele tinha passado. Nesse caso, ocorreu um erro acidental que de imediato foi transformado em erro consciente: uma experimentação.

O conto de André Sant'Anna "Amor à pátria" começa assim:

> Porque eu sou assim: a nível de futebol, a pátria em primeiro lugar. Depois vem o resto — a imprensa, a torcida, os jogadores e até eu, que sou o maior responsável. Não dá pra agradar todo mundo. Futebol, hoje em dia, não é espetáculo. Nós não vamos na copa pra fazer show, pra agradar esse pessoal da imprensa que acha que futebol só pode ser com Pelé, com Garrincha. Dessa vez, a Copa é com nós, o grupo. Nós é que lutamos, nós é que fomos defender o Brasil lá fora, nós é que ganhamos a Copa América, a Copa das Confederações. Então

agora tem que ter coerência. Porque uma coisa que é boa pra uma pessoa talvez não seje boa pra outra. Igual a ditadura. Tem gente que fala que é ruim e tem gente que acha que é boa, a ditadura. Na ditadura, o Brasil não tinha a Copa de 70? Não tinha o Pelé? Então, a ditadura era boa a nível de futebol.[3]

Pode-se simplesmente atribuir os "erros" gramaticais desse trecho — "a nível de", "com nós", "seje" — a uma imitação estereotipada da fala de um típico jogador de futebol. Nesse caso, entretanto, o uso experimental do erro vai além desse processo mimético, alcançando também o aspecto político. É como se o despreparo do discurso, sua fragilidade gramatical e argumentativa, apontasse igualmente para a defesa absurda da ditadura.

No livro *Tudo o que tenho levo comigo*, a ganhadora do Nobel Herta Müller elimina os pontos de interrogação:

> Tur Prikulitsch tinha razão em pensar que eu iria reclamar. É por isso que ele me perguntava de quando em quando na barbearia:
> Bem, como está aí no sótão.
> Como é que o sótão está indo.
> Está tudo bem aí no sótão.
> Ou somente: E no sótão.[4]

O romance se passa integralmente num campo de trabalhos forçados, para onde muitos romenos de origem alemã foram levados após a Segunda Guerra Mundial. O livro, aliás, é inspirado numa experiência real vivida pela mãe da autora. Cada capítulo aborda, com uma objetividade que chega a ser cruel, os diferentes trabalhos executados no campo, as refeições, os subornos e as relações entre os prisioneiros e seus carrascos.

A supressão dos pontos de interrogação, único e discreto experimento realizado no livro, instaura uma atmosfera sombria, como se nem para perguntar fosse possível alterar o tom sempre apático dos diálogos. Essa pequena ausência, de um simples sinal de pontuação, exerce um efeito poderoso de estranhamento e contenção: perguntas inúteis, eternamente sem resposta.

Como já foi dito, não é preciso que o autor e tampouco o leitor tenham consciência total de todas as funções exercidas por um determinado experimento. Muitas vezes, é a composição geral do texto que justifica o papel de um erro ou de qualquer experimentação. Não há como ter controle sobre cada recurso utilizado, cada tentativa de construção nova ou cada experiência de linguagem. É o fluxo e o ritmo da escrita que vão determinar a necessidade e a importância dos recursos, num processo dialético de montagem, desmontagem e remontagem que, muitas vezes, é compartilhado pelo leitor.

A experimentação, quando feita com consistência, permite que a literatura reorganize seus parâmetros e se transforme, transformando também a leitura e o leitor. Subverter, afinal, é o mesmo que recusar a versão aceita como padrão único. É a ação de revolver formas conhecidas e ver de que maneira elas se comportam quando postas do avesso ou combinadas de modos imprevistos.

## IDEIAS PRÁTICAS

- Como já foi sugerido aqui, experimente escrever um texto eliminando completamente o uso de uma letra (como fez Georges Perec no romance *O sumiço*, em que a letra "e" foi suprimida) ou de uma palavra muito utilizada, como "que", "de" etc.
- Escreva um texto que misture vários focos narrativos ao mesmo tempo: primeira, segunda e terceira pessoas, possivelmente dentro de uma mesma frase. Mas atenção: não misture as vozes de forma gratuita; encontre uma motivação, como,

por exemplo, um processo esquizofrênico, uma pessoa em crise de identidade etc.

- Faça experimentos com a pontuação, tirando vírgulas ou colocando-as em excesso (como faz Guimarães Rosa), suprimindo os pontos-finais e outros, sempre buscando consistência na realização do experimento.
- Busque, em sua biblioteca, livros que tenham realizado experimentos linguísticos, copie alguns e tente justificar suas motivações possíveis.

# Com a palavra: Edimilson de Almeida Pereira

Para mim a experimentação como prática antecede quaisquer outras questões da escrita. Na prosa, antes de delinear a trama ou inventariar as ações dos personagens me preocupo em saber de que modo a linguagem será articulada para, inclusive, falhar nos intentos de concluir um circuito narrativo. Isso me permite construir personagens que fazem do ato-contínuo-sentir--pensar um exercício de risco. Por existirem sob essa lógica, são cheios de arestas (mesmo quando ternos), não sabem ser didáticos, não se propõem como exemplos a serem seguidos. Se por acaso alguém ou uma época se identifica com esses personagens, é sinal de que nossa realidade se desdobra nos limites do absurdo, mesmo que nos iluda com as noções de afeto, no plano pessoal, e de utopia, no plano social. A dificuldade para exprimir isso é um estímulo para testar a linguagem e aprender, através dela, que nem sempre é necessário decifrar o mundo. Ou, caso a decifração ocorra no texto ficcional, ela será ainda outra face do enigma. No romance *Um corpo à deriva*, que publiquei em 2021, a personagem Tesfa incorpora esse traço experimental da linguagem, sugerindo que ela é uma teoria, algo fluido que manejamos para darmos contornos às narrativas da história e da própria literatura.

Cito dois exemplos. O primeiro, e mais conhecido, é a mescla de formas discursivas. É o que se observa em *Front* — que confronta fragmentos de reflexão teórica sobre questões histórico-sociais com elipses características de um texto poético — e em *O ausente* — que explora a tênue fronteira entre descrição etnográfica e notação poética da linguagem. O segundo procedimento, que tensiona a lógica de um texto de ficção narrativa, é a tentativa de tecer uma narrativa sem enredo, como é o caso de *Um corpo à deriva*. Os procedimentos desse livro remetem às proposições do nouveau roman, mas reinterpretados à luz da contemporaneidade, paradoxalmente fragmentária e obstinada na busca de referências identitárias.

Para escrever a partir do ato-contínuo de risco que mencionei, é preciso deixar a linguagem existir como tentativa de dizer o que ainda não foi mencionado. Aqui, como prosador, recupero o que eu-poeta anotei num poema: "a palavra filtra incertamente/ o que é núcleo sob o céu". Ao se deter naquilo que nos afeta, mas que ainda não encontrou um modo de expressão, a linguagem-EXPERIMENTO viabiliza circunstâncias de reinvenção do sujeito-aut(x)r/leit(x)r e, inclusive, da própria noção de "texto" literário. A importância das inovações linguísticas, diante disso, reside na possibilidade de encontrarmos meios para dizer aquilo que, embora estrangeiro, é uma força instituinte do que julgamos ser.

Quem lida com a linguagem-EXPERIMENTO precisa forjar seus instrumentos de medida, ciente de que não há um parâmetro absoluto para se escrever dessa ou daquela maneira. Cada obra elaborada sob a linguagem-EXPERIMENTO é específica. Isso significa dizer que "a necessidade" de certa forma de escrita se impõe em poucas ocasiões. Daí que ficar atento às demandas do indivíduo e do mundo é uma possibilidade de capturar experiências que ainda não foram mapeadas. Do ponto de vista da linguagem, essas experiências — situadas em diferentes períodos e latitudes — são expectativas de enunciação; como um sol bloqueado, elas desafiam a sensibilidade de quem escreve e de quem lê.

Como exemplos, cito autoras e autores que vivenciaram de maneiras particulares a prática da experimentação e que, por isso, me ensinam o contínuo deslocamento dos fluxos de consciência: Mário de Andrade

(*Macunaíma*), James Joyce (*Finnegans Wake*), Wole Soyinka (*Os intérpretes*), Albert Camus (na peça *Calígula*), Luandino Vieira (*Nós, os do Makulusu*), Maria Gabriela Llansol (*Um falcão no punho*), Clarice Lispector (*Água viva*), Samuel Rawet (*Abama*). E, embora não sejam ficção literária, me interessam muito as narrativas de Georges Duby e Jacques Le Goff no viés da história das mentalidades.

# Epílogo

Quanto mais escrevo e faço oficinas de escrita, mais me dou conta de que a escrita literária é uma atividade relacional. É no diálogo concreto entre autor e texto, através das palavras; do texto com a circunstância histórica em que ele é escrito e lido; e, principalmente, do texto com seu leitor, que a literatura de fato acontece. Em função disso, sinto-me à vontade para afirmar que não existem regras ou verdades absolutas na literatura.

A escrita é um trabalho permanentemente processual, transformando-se a cada vez que um escritor atento põe a caneta sobre o papel ou o dedo nas teclas de um computador. A máxima heraclitiana vale para a escrita, porque tanto o texto como o autor e o leitor encontram-se em constante estado de mudança e intercâmbio dialético. É fácil constatar isso, por exemplo, lendo diferentes livros de um mesmo autor, escritos em épocas diferentes: *Vidas secas* e *Memórias do cárcere*, de Graciliano Ramos, ou *O triste fim de Policarpo Quaresma* e

*Clara dos Anjos*, de Lima Barreto. Da mesma forma, é comum verificar quanto a releitura de um livro, depois de alguns anos, nos surpreende por razões diferentes, ou mesmo como se pode gostar de um livro do qual não se gostava e vice-versa.

É a escrita que faz o texto e é ela que empresta essa qualidade plástica às obras que escrevemos e lemos. Quem escreve literatura precisa, antes de tudo, amar as palavras e respeitar sua relativa autonomia em relação a nossas ilusões dominadoras; o escritor de literatura não é somente agente do que escreve, é também objeto da escrita. O processo literário é um exercício de controle e entrega, de atividade e recepção. É na atitude de espectador que, muitas vezes, somos surpreendidos pela linguagem, capaz de acessar a matéria da memória, do inconsciente e da intuição, à qual, em grande parte, a consciência controladora não tem acesso.

Como já disse Drummond, de forma bem mais criativa:

*Penetra surdamente no reino das palavras.*
*Lá estão os poemas que esperam ser escritos.*
*Estão paralisados, mas não há desespero,*
*há calma e frescura na superfície intata.*
*Ei-los sós e mudos, em estado de dicionário.*

*Convive com teus poemas, antes de escrevê-los.*
*Tem paciência, se obscuros. Calma, se te provocam.*
*Espera que cada um se realize e consume*
*com seu poder de palavra*
*e seu poder de silêncio.*
*Não forces o poema a desprender-se do limbo.*
*Não colhas no chão o poema que se perdeu.*
*Não adules o poema. Aceita-o*
*como ele aceitará sua forma definitiva e concentrada*
[no espaço.

*Chega mais perto e contempla as palavras.*
*Cada uma*
*tem mil faces secretas sob a face neutra*
*e te pergunta, sem interesse pela resposta,*
*pobre ou terrível que lhe deres:*
*Trouxeste a chave?*[1]

# Notas

INTRODUÇÃO [pp. 13-8]

1. Roland Barthes, *Aula*. São Paulo: Cultrix, 1980.

PRINCÍPIO 1: PALAVRAS [pp. 19-47]

1. Manuel Bandeira, *Itinerário de Pasárgada*. São Paulo: Global, 2012.

2. Guimarães Rosa, *Primeiras estórias*. Rio de Janeiro: José Olympio, 1962.

3. Clarice Lispector, *Uma aprendizagem ou o livro dos prazeres*. Rio de Janeiro: Rocco, 1998.

4. Carlos Drummond de Andrade, *A rosa do povo*. São Paulo: Companhia das Letras, 2012.

5. Guimarães Rosa, *O burrinho pedrês*. Nova Fronteira: Rio de Janeiro, 2015.

6. Mario Quintana, "Solau à moda antiga", em id., *Mario Quintana de bolso: Rua dos Cataventos & outros poemas*. Porto Alegre: L&PM, 1997.

7. Carlos Drummond de Andrade, "As sem-razões do amor", em id., *Corpo*. São Paulo: Companhia das Letras, 2015.

8. Manoel de Barros, "Apontamentos", em id., *Poesia completa*. São Paulo: LeYa, 2013.

9. Alice Ruiz, "Salada de frutas", em *Boa Companhia — Haicai*. São Paulo: Companhia das Letras, 2009.

10. Conceição Evaristo, "Frutífera", em *Poemas da recordação e outros movimentos*. Belo Horizonte: Nandyala, 2008.

11. Clarice Lispector, *Água viva*. São Paulo: Rocco, 1998.

12. Franz Kafka, *Um médico rural*. São Paulo: Companhia das Letras, 1999.

13. OuLiPo (Ouvroir de Littérature Potentielle) ou A Literatura Potencial.

## PRINCÍPIO 2: SIMPLICIDADE [pp. 53-71]

1. Dalton Trevisan, "Uma vela para Dario", em id., *Vinte contos menores*. Rio de Janeiro: Record, 1979.

2. Michel Laub, *Diário da queda*. São Paulo: Companhia das Letras, 2011.

3. Vilma Arêas, *Um beijo por mês*. São Paulo: Luna Parque, 2018.

## PRINCÍPIO 3: CONSCIÊNCIA NARRATIVA [pp. 75-98]

1. Roy David Frankel, "Neste dia", em id., *Sessão*. São Paulo: Luna Parque, 2017.

2. Machado de Assis, *Quincas Borba*. São Paulo: Penguin-Companhia, 2012.

3. Graciliano Ramos, *Vidas secas*. Rio de Janeiro: Record, 2019.

4. Karl Ove Knausgård, série Minha Luta. São Paulo: Companhia das Letras.

5. Luiz Alfredo Garcia-Roza, *O silêncio da chuva*. São Paulo: Companhia das Letras, 1996.

6. Natalia Timerman, *Copo vazio*. São Paulo: Todavia, 2021.

7. João Anzanello Carrascoza, *Caderno de um ausente*. São Paulo: Cosac Naify, 2014.

## PRINCÍPIO 4: ORIGINALIDADE [pp. 101-23]

1. Clarice Lispector, "Tentação", em id., *Felicidade clandestina*. Rio de Janeiro: Nova Fronteira, 1981.
2. Ibid.
3. Ibid.
4. Ibid.
5. Conceição Evaristo, "Maria", em id., *Olhos d'água*. Rio de Janeiro: Pallas, 2014.
6. Ibid.
7. Ali Smith, *Hotel mundo*. São Paulo: Companhia das Letras, 2009.
8. Nilce Sant'Anna Martins, *O léxico de Guimarães Rosa*. São Paulo: Edusp, 2021.

## PRINCÍPIO 5: ESTRANHAMENTO [pp. 128-44]

1. Graciliano Ramos, *Vidas secas*. Rio de Janeiro: Record, 2019.
2. Ibid.

## PRINCÍPIO 6: DETALHES [pp. 149-63]

1. Marcel Cohen, "Deus e o diabo estão nos detalhes". *piauí*, São Paulo, ed. 134, nov. 2017. Disponível em: <https://piaui.folha.uol.com.br/materia/deus-e-o-diabo-estao-nos-detalhes/>.
2. Ibid.

3. W. G. Sebald, *Os anéis de Saturno*. São Paulo: Companhia das Letras, 2010.

## PRINCÍPIO 7: EXPERIMENTAÇÃO [pp. 167-78]

1. Jamaica Kincaid, *Agora veja então*. Rio de Janeiro: Alfaguara, 2021.

2. Manuel Bandeira, "Nova poética", em id., *Antologia poética: Manuel Bandeira*. São Paulo: Global, 2013.

3. André Sant'Anna, "Amor à pátria", em id., *O Brasil é bom*. São Paulo: Companhia das Letras, 2014.

4. Herta Müller, *Tudo o que tenho levo comigo*. São Paulo: Companhia das Letras, 2011.

## EPÍLOGO [pp. 183-5]

1. Carlos Drummond de Andrade, "Procura da poesia", em id., *A rosa do povo*. São Paulo: Companhia das Letras, 2012.

1ª EDIÇÃO [2023] 4 reimpressões

ESTA OBRA FOI COMPOSTA PELO ESTÚDIO O.L.M. EM MINION E
IMPRESSA EM OFSETE PELA LIS GRÁFICA SOBRE PAPEL PÓLEN DA
SUZANO S.A. PARA A EDITORA SCHWARCZ EM FEVEREIRO DE 2025

A marca FSC® é a garantia de que a madeira utilizada na fabricação do papel deste livro provém de florestas que foram gerenciadas de maneira ambientalmente correta, socialmente justa e economicamente viável, além de outras fontes de origem controlada.